❖

나의 믿음

Hermann Hesse
Mein Glaube: Eine Dokumentation
Auswahl und Nachwort von Siegfried Unseld
© Suhrkamp Verlag Frankfurt am Main 1971
All rights reserved by and controlled through Suhrkamp Verlag Berlin.

No part of this book may be used or reproduced in any manner
whatever without written permission except in the case of brief quotations
embodied in critical articles or reviews.

Korean Translation Copyright © 2023 by Catholic Publishing House
Korean edition is published by arrangement with Suhrkamp Verlag, Berlin
through BC Agency, Seoul

나의 믿음

2024년 2월 14일 초판 1쇄 펴냄

지은이 · 헤르만 헤세
옮긴이 · 강민경
펴낸곳 · 도서출판 로만
편집 · 강서윤, 정주화
디자인 · 정진아
마케팅 · 황희진, 안효진

전자우편 · Romanbook202012@gmail.com

ISBN 979-11-973016-4-3 03850

값 20,000원

이 책의 한국어 출판권은 BC에이전시를 통해 저작권사와 독점 계약한 '도서출판 로만'에 있습니다.
저작권법에 의해 보호를 받는 저작물이므로 무단 전재와 복제를 금합니다.

헤르만 헤세 지음
강민경 옮김

나의 믿음

ROMAN
로만

Der Glaube, den ich meine, ist nicht leicht in Worte zu bringen. Man könnte ihn etwa so ausdrücken: Ich glaube, daß trotz des offensichtlichen Unsinns das Leben dennoch einen Sinn hat, ich ergebe mich darein, diesen letzten Sinn mit dem Verstand nicht erfassen zu können, bin aber bereit, ihm zu dienen, auch wenn ich mich dabei opfern muß. Die Stimme dieses Sinnes höre ich in mir selbst, in den Augenblicken, wo ich wirklich und ganz lebendig und wach bin. Was in diesen Augenblicken das Leben von mir verlangt, will ich versuchen zu verwirklichen, auch wenn es gegen die üblichen Moden und Gesetze geht. Diesen Glauben kann man nicht befehlen und sich nicht zu ihm zwingen. Man kann ihn nur erleben.

제 믿음은 말로 가볍게 설명할 수 있는 것이 아닙니다. 그래도 표현하고자 한다면 이렇게 할 수 있겠지요.
"무의미해 보이더라도 결국 삶에는 의미가 있다. 그 의미를 이해할 수 있으리라고는 생각하지 않지만, 그것을 위해 나 자신을 희생해야 한다면 기꺼이 그럴 준비가 되어 있다."
이 의미의 목소리는 제가 완전하게 생동감으로 요동치며 깨어 있는 순간에 제 안에서 들려옵니다. 이때 저는 삶이 무엇을 요구하든, 설령 통상적인 관습과 규칙에 어긋나더라도 그것을 실현하고자 노력할 것입니다. 이 믿음은 누가 명령을 했다고 믿거나 혹은 믿지 않겠다고 거부할 수 있는 것이 아닙니다. 그저 경험할 수 있을 뿐이지요.

헤르만 헤세

일러두기
- 이 작품에는 여러 종교와 사상에 관한 작가의 매우 주관적인 생각이 담겨 있습니다.
- 문체가 달라지는 부분은 작가의 의도를 따른 것입니다.
- 원서 주를 제외한 주석은 옮긴이가 독자의 이해를 돕기 위해 붙인 것입니다.

《나의 믿음》은 어떤 책인가?

1931년, 헤르만 헤세는 전쟁, 자본주의, 민족주의를 열등하게 묘사하기만 해서는 아무 소용 없다는 의미로 이러한 글을 남겼다.

"시대가 맹목적으로 숭배하는 우상의 자리에 믿음을 둘 수 있어야 합니다."

그러나 헤세는 믿음이라고만 썼을 뿐, 어떤 믿음인지 구체적으로 언급하지 않았다. 믿음을 하나의 종교, 혹은 특정한 교리나 교회로 한정하지도 않았다. 그는 어떤 편지에 이렇게 썼다.

"저는 사람을 믿습니다."

"저는 수천 년 된 인류의 규율을 믿고, 그것이 이 시대의 혼돈 속에서도 살아남으리라고 믿습니다."

"'무의미해 보이더라도 결국 삶에는 의미가 있다.' …… 이 의미의 목소리는 제가 완전하게 생동감으로 요동치며 깨어 있는 순간에 제 안에서 들려옵니다. 이때 저는 삶이 무엇을 요구하든, 설령 통상적인 관습과 규칙에 어긋나더라도 그것을 실현하고자 노력할 것입니다. 이 믿음은 누가 명령을 했다고 믿거나 혹은 믿지 않겠다고 거부할 수 있는 것이 아닙니다. 그저 경험할 수 있을 뿐이지요."

지금까지 이야기한 내용이 바로 이 책의 배경이다. 《나의 믿음》은 신학이나 믿음, 영혼, 종교가 무엇인지 정의하는 책이 아니다. 헤세는 성경의 말씀을 진지하게 받아들였다.

"너는 위로 하늘에 있는 것이든, 아래로 땅 위에 있는 것이든, 땅 아래로 물속에 있는 것이든 그 모습을 본뜬 어떤 우상도 만들어서는 안 된다."(탈출 20,4 참조)

또한 토마스 아퀴나스의 말도 문자 그대로 받아들였다.

"신을 안다는 것은 신을 모른다는 말이다."

헤세는 나름대로 결론을 내렸다. 자신이 종교인, 독실한 신자라고 말이다. 그래서 항상 믿음을 고백할 준비가 되어 있었다. 하지만 헤세의 믿음은 시와 산문에만 나타났을 뿐 논문 같은 학술적인 글에서는 나타나지 않았다. 그는 《싯다르타》

를 자신의 믿음이 담긴 책이라고 했으며 그 책의 배경이 인도라는 것도 우연이 아니라고 말했다. 그는 《황야의 이리》, 《나르치스와 골드문트》, 《동방 순례》, 《유리알 유희》, 후기 산문인 〈신비로운 것들Geheimnissen〉 등에서 각기 다른 모습으로 믿음을 고백하고 있다. 헤세는 자신을 모욕하면서 뜨거운 감자 같은 질문을 던지고 조언을 요구하는 독자의 편지에 답했다. 하지만 그러한 편지에 담았던 수많은 표현을 관조적인 글로 쓴 자신의 책에는 싣지 않았다. 1957년이 되어서야 1931년과 1932년에 쓴 글만 〈단상들Betrachtungen〉이라는 주제로 묶어 책을 펴냈다. 이 두 글이 바로 〈나의 믿음〉(1931)과 〈단편 신학Ein Stückehen Theologie〉(1932)이다.

헤세는 〈나의 믿음〉에서 자신만의 종교적 사상이 발전되는 과정을 담았다. 〈단편 신학〉에서는 자신이 말한 인간 개념인 '인간 성숙의 3단계'*와 '인간의 두 가지 유형'(현실적 인간과 종교적 인간)을 연관 지어 설명한다. 사실 이 두 가지의 글도 누군가가 던진 질문의 답이었다. 1931년 3월에 잡지 《에카르트Eckart》의 편집자가 보낸 질문에 답을 한 것이 〈나의 믿

◆ 헤세의 '인간 성숙의 3단계'는 이러하다. 1단계는 어린아이의 낙원(순수함) 단계이며, 2단계는 갈등과 절망을 통해 구원을 갈망하는 단계, 3단계는 인식과 각성을 통한 구원 혹은 몰락의 단계다.

음〉이다. 헤세는 편집자의 편지를 읽고 자극을 받았다. 헤세가 책에 '사상의 배경'을 의도적으로 언급하지 않은 것 같다고 했기 때문이다. 〈단편 신학〉은 헤세가 자비로 출판해 친구에게 보낸 글이다.

믿음이라는 주제를 우회적으로 표현하면서도 핵심을 명확하게 밝히는 글은 '시 〈자의식〉에 관한 편지에서 발췌'된 부분에 실려 있다. 주르캄프출판사 설립자인 페터 주르캄프는 《노이에 룬트샤우*Neue Rundschau*》 1934년 2월호에 그 글을 공개했다. 그 2월호에는 야코프 바서만◆이 마지막으로 공개하는 글인 〈인류애 정신과 믿음의 문제*Humanität und das Problem des Glaubens*〉도 실렸는데, 헤세는 자신의 시 〈자의식〉을 의도적으로 같은 시기에 펴냈다. 나치의 박해가 막 시작될 무렵, '싸움이 한창인 오늘날' 그 시는 일종의 증언이었을 테다.

1934년의 독자들은 그 시를 어떻게 보았을까? 헤세는 자신의 믿음을 로고스중심주의적으로 고백하려 했다. 그 시에는 1934년과 관련이 깊은 구절이 있다.

"섬광과 같은 충고가 담긴 아버지의 불멸하는 영이며 그것은 아이를 어른으로 만들고 순수함을 없애고 투쟁과 의식의

◆ 유대계 독일인 작가. 1934년 1월에 사망했다.

길로 이끈다."

헤세는 이 시를 여러 번 수정하여 1934년에 인젤출판사에서 출간된 《생명의 나무에서 *Vom Baum des Lebens*》에 실었고, 나중에는 1942년에 출간된 《시 선집 *Gesammelten Gedichte*》 초판본에 수정된 시를 실었다. 《나의 믿음》에는 《노이에 룬트샤우》에 발표된 시를 실었다.

1934년에 그 시를 읽은 독자들에게 헤세가 자신의 입장을 단호하게 표명하는 답장을 쓴 걸 보면 독자들의 반응이 격렬했음을 알 수 있다. 특히 이 책에 실린 '목사에게 쓴 편지'는 실제로 부치지 않은 편지다. 목사가 헤세에게 던진 '엄정하고 위압적인 질문'과 그 질문에 자신이 한 답이 너무 뜬금없어 보였기 때문인 듯하다.

각기 다른 시기에, 다른 계기로 쓰인 헤세의 여러 글이 '나의 믿음'이라는 주제로 이 책에 모였다. 글의 형식과 내용이 다른 이유가 바로 그것이다. 이 책은 완전함을 추구하지 않는다. 그저 기록일 뿐이다. 어떤 기준에 따라 관련성 있는 글을 모아서 배치한 것이 아니라 발표한 연대순으로 정리되었다. 이 글은 헤세의 생각의 흐름이지 시간에 따라 단계적으로 깊어지는 믿음이 아니다. 또한 모순적이기도 하다.

"저는 완전하게 굳어진 가르침을 믿지 않습니다. 무엇이든 발전하고 변화한다고 믿습니다."

헤세는 평생 자유롭게 생각을 이야기했다. 그는 공동체의 울타리 밖에서 살았다. 그리스도교보다 불교에 더욱 심취하고 공감했던 시기도 있었다. 하지만 때로는 부드럽게, 때로는 요란하게 저항하다 자신의 원천인 그리스도교를 받아들였다.

헤세에게는 자신의 경험을 통해 얻은 깨달음이 중요했다. 그래서 자신이 직접 통찰하여 얻은 이론만 받아들였다. '자신이 믿는 것만 옳다는 어린아이 같은 믿음'으로 종교의 교리나 정치적 사상을 설명하는 신학자나 다른 고지식한 사람들은 신뢰하지 않았다. 또 어떤 종교가 다른 종교와 비슷하다는 생각을 가지고 있었다. '어떤 것이 참되면 그 반대에 있는 것도 참되어야 하기 때문'이다. 이 생각도 시간이 지나면서 변화되었다. 1933년 5월에 "나는 교회가 아니라 개인의 양심이 궁극적인 심판대라고 생각한다."라고 썼으나 1955년에는 "양심은 고도로 발달한 판단의 척도지만, 그것이 신의 목소리라고 생각하지는 않는다. 그 맞은편에는 순수한 생의 본능, 또 다른 척도가 있다. 이는 행운이다."라고 썼다.

〈단편 신학〉에서는 현실적(이성적) 인간과 종교적 인간을 설명했다. 그 둘을 서로 대비되도록 묘사하며 현실적 인간에 속하는 인물로는 사회 현실을 고찰한 헤겔이나 마르크스, 레닌,

트로츠키 같은 사상가들을 꼽았다.

인간이 성숙해 가는 첫 번째와 두 번째 단계에서 현실적 인간과 종교적 인간이 서로 싸운다. 이런 아포리아Aporia*는 종교 전쟁이나 인종 우월주의, 민족주의, 그 외 다른 사상을 가진 인간 공동체에서 끊임없이 나타난다.

또 자신을 종교적 인간으로 분류하였다.

"저는 평생 종교를 찾고 종교에 헌신하려고 끊임없이 노력했습니다."

그러나 헤세의 글을 읽고 그가 이성을 배제했다고 오해해서는 안 된다. 헤세는 사망하기 얼마 전 가톨릭 신학자 로마노 과르디니**가 말한 '믿음'이라는 개념에 관해 말했다.

"과르디니가 말하는 '믿음'을 받아들이려면 이성을 희생해야 합니다. 이성을 희생하는 것은 신이 인간에게 하사한 가장 우수한 재능을 버리는 일이라고 생각하지만 그래도 저는 과르디니 같은 사람들을 매우 존경합니다."

이 말이야말로 믿음과 이성이 함께해야 한다는 헤세의 목

---

* 그리스어로 '길이 막힌', '통로가 없는'이라는 뜻의 철학 용어로, 도무지 해결할 수 없는 난관에 봉착한 상황을 말한다.
** 이탈리아 태생의 독일 가톨릭 신학자. 제1차 세계 대전 이후 가톨릭 청년 운동을 지도했다.

표를 잘 드러낸다. 그는 인간이 성숙해 가는 세 번째 단계에서 믿음과 이성이 함께하는 유토피아가 나타난다고 설명했다. 그 단계에 들어서면 싸우던 사람들이 사실 지금까지 서로 의지하고 있었음을 깨닫는다.

"여기서부터 인간이 성숙해지는 길이 열린다. 다만 지금까지 어느 누구도 그 모습이 실현된 것을 목격한 이가 없다."

그 단계에 도달하는 사람은 많지 않고, 그 단계에 도달하기까지는 타인의 가르침도 별다른 도움이 되지 않는다. 헤세는 1930년 11월 미공개 편지에 "진정한 지혜와 구원받는 방법은 가르칠 수 있는 것이 아니며, 재미삼아 행하는 오락거리도 아닙니다. 이는 오로지 큰 어려움에 처한 사람들을 위해서만 존재합니다."라고 썼다.

헤르만 헤세의 종교에 관한 고찰과 견해를 모은 《나의 믿음》은 지금까지 헤세의 작품을 자세히 읽지 않았던 독자들을 깜짝 놀라게 할 글을 집대성한 것이다. 헤세의 종교관은 그의 종교 생활은 물론이고 정치적 태도에도 영향을 미쳤다. 그래서 이 책에 담긴 글 일부는 헤세의 작품집인 《정치에 관한 고찰*Politische Betrachtungen*》에서도 읽을 수 있다. 종교를 막론하고 모든 종교인이 바라듯이 헤세도 평화를 추구했다. 전쟁이 일어나 지배층이 만든 체계가 흔들린다면 사람들에게는 교리, 세계관, 권위와 제도, 교회와 국가에 대한 회의감이 싹튼다.

"인간을 파괴하는 가장 큰 적은 생각하기를 귀찮아하는 게으름입니다. 그래서 자신의 줏대라고는 없이 그저 강력한 이념이 있는 종교나 정치 공동체에 속하려 드는 충동입니다."

이와 마찬가지로 국가 또한 인간의 적이 될 공동체에 해당한다. 잘못된 이념을 따르는 국가나 국가의 폭력 행위는 인간의 성숙 과정이 진행되지 못하도록 한다. 인간의 성숙 과정이란 인간이 인간다워지고 국가가 인간을 통제할 필요성이 점점 줄어드는 일을 말한다. 헤세는 역사 속에서 그리스도교가 인간에게 긍정적인 영향을 미쳤음을 인정하지만 늘 혐오와 전쟁의 원인이 되었다고 생각했다. 전쟁을 자주 치르고 잔인해서 두려움의 대상이었던 티베트를 평화롭고 종교적이며 관용적인 나라로 변화시킨 것은 불교였다.

바로 이런 점 때문에 개신교 집안에서 태어났지만 그 종교에 의구심을 품을 수밖에 없었다. 1933년 5월에는 이런 글을 썼다.

"제가 개신교 신학자들을 좋아하지 않는 이유는 그들이 가르칠 지식과 능력이 없어 아무것도 가르치지 못하고, 사람들이 스스로 깨달을 여지도 주지 않은 채 그대로 내버려 두기 때문입니다. 그리고 물질주의적인 국가에 어떤 비판이나 저항도 하지 않고 돈 많은 자, 권력자, 지도자들에게 헌신하기 때문입니다. 지금까지 그래 왔던 것처럼……."

"인간은 가장 영적인 것을 추구하려다 결국 각자의 이념이 옳다고 믿으며 싸웁니다. …… 바위처럼 굳건하게 저항해야 하는 모든 지옥으로 책임 없이 미끄러져 들어갑니다."

이것은 헤세가 종교 개혁가 루터에게 품은 감정과 비슷하다. 1960년에 루터에 관해 이렇게 썼다.

"그가 그저 개신교 신자였다면, 성직 제도를 반대했거나, 교회와 국가에 맞선 개인의 대변자였더라면 그를 나쁘게 말하지 않았을 겁니다. 하지만 그는 예전의 교회보다 그 무엇 하나 나은 것 없는 새로운 교회를 스스로 세웠지요. 또한 국가와 지배자들을 적극적으로 보좌했고 농민들을 저버렸습니다."

"거기서 독일 개신교 신학이 탄생했습니다. 이 신학은 대학에서 개인과 자유, 행동이 중요하다고 외쳤지만, 결국 교회와 목사가 국가, 자본주의, 전쟁을 추종하는 도구가 되도록 했습니다."

루터는 모범이 될 수 없었다. '현실적 인간' 중 모범이 된 인물은 간디였다. 간디는 폭력을 악으로 인식하고 비폭력이야말로 깨달음을 얻는 길이라고 생각했다. 헤세는 간디가 자신을 희생하면서까지 제 이상을 추구하고 타인에게 복종이나 희생을 바라지 않은 데는 지도자로서의 '강력한 힘'이 있다고 생각했다.

간디는 자신의 원칙이 얼마나 이상향에 가까워질 수 있는지 보여 주었다. 그는 매일같이 샤푸르 문밖 사바르마티강의 유명한 아라비아고무나무 아래에서 노동자들에게 '가진 자'들의 약속을 믿지 말라고 간청했다. 또한 계속 그들의 '내면의 삶'을 변화시키고자 했다. 그들이 전쟁으로 지치자 간디는 단식을 선언했다. 헤세는 간디에 대해 이렇게 말했다.

"간디와 그의 삶을 이 시대의 정치인과 비교하면서 살펴봐야 한다. 이루고자 하는 목표를 가진 지도자의 행동, 진정으로 본보기가 되는 지도자의 삶이 무엇인지 배워야 한다."

헤세는 자신을 '개인의 대변자'라고 말했다. 개인을 지키고, 그들이 총명해지도록, 가르침, 이념, 강령 등에 저항하도록 하려 했다. 그리고 자신의 의식을 날카롭게 벼리고 영혼의 힘을 기르고자 했다. "완전한 가르침을 갈망할 것이 아니라 스스로 완성되기를 갈망해야 한다. 신은 네 안에 있지 개념이나 책 속에 있지 않다."라는 《유리알 유희》의 핵심 문장은 헤르만 헤세의 믿음을 나타낸다고 할 수 있다.

그런 의미에서 헤세에게 탈무드, 그리스도교, 이슬람교, 힌두교, 불교의 가르침은 모두 동일했다. 기도, 명상(관상), 자기비움(케노시스), 양심 성찰, 일치, 인내, 평온 같은 종교적 요소는 개인의 내면에서만 효과가 있고 변화를 일으키는 것이었다. 그 변화는 명제나 논리가 아니라 개인의 경험을 통해서만 일어난다. 그래서 헤세는 끊임없이 불교의 믿음에 끌렸다. 전 세계 종교 중 불교만 신 체험을 개념화하여 남용하지 않았다. 헤세가 보기에 부처는 내면의 신을 인식하고 실현하려고 노력한 완전한 인간의 상징이었다.

헤세는 평생 '유행과 규율에 반하는' 자아실현을 위해 노력했다. 그 안에서 인간에 대한 믿음이 피어났다. '네 이웃을 너 자신처럼 사랑하라'는 성경 구절은 헤세에게 반드시 지켜야 할 계율이었다. '싯다르타가 사랑이라고 부르는 것'에 대한 믿음이 있어야 사람은 살아갈 수 있다.

《정치에 관한 고찰》에서는 헤세의 정치적 의견이 수십 년 넘게 전혀 흔들리지 않았음을, 남을 모방하지 않았으며 그가 순응한 것이 사실 자신의 생각과 양심에 순응한 것이었음을 보여 준다. 이러한 모습은 종교에 관한 그의 견해에서도 볼 수 있다. 헤세에게 독실함은 신과 종교에 대한 것이 아니었다. '개개인이 이 세상과 자연, 더불어 사는 타인을 존중하고, 함께 세상일에 참여하며 책임진다는 생각을 지켜 나가는 일'이었다.

헤세의 작품은 전 세계에 위기가 닥쳐온 순간에 크나큰 효과를 불러일으켰다. 제1차 세계 대전이 끝난 후에도, 경제 대공황 때도, 제2차 세계 대전이 끝난 1945년 이후에도, 혼란스러운 젊은이들은 앞으로 나아가야 할 방향을 찾을 때마다 도움을 받았다. 오늘날까지 헤세의 작품이 전 세계에 영향을 미치는 것은 우연이 아니다. 머나먼 미래에 헤세의 시를 어떻게 해석하든, 헤세의 도덕적인 태도와 그의 작품에 담긴 정치적, 종교적 고찰은 그와 반대되는 생각을 가진 사람들도 존중할 수밖에 없을 것이다.

헤세의 견해를 확고한 규범으로 해석한다면 잘못된 생각이며 그의 의도와도 맞지 않다. 그는 영적이고 종교적인 노력이 '폭력으로 끝나서는' 안 된다고 했다. 개인은 국가와 자본주의, 전쟁을 추종하는 도구가 되어서는 안 되며 사회에 대한 공동 책임을 느껴야 한다고 주장했다. 이는 언제나 개인의 관점에서 전체를 성찰해야 한다는 뜻이다. 우리는 시대가 주는 모든 제안을 숙고해야 한다. 각 개인은 타인과 주변 환경을 위해 자의식을 깨닫고, 자아를 실현하는 방법을 터득해야 한다. 이것이 핵심이다. 산업 사회가 앞으로 어떤 방향으로 나아갈지 알 수 없다. 우리는 '아버지 없는 사회로 가는 길' 위에 서 있다. 이런 변화가 지속될 때, 앞으로 우리는 어떤 대상과 자신을 동일시하게 될까? 인간의 역사가 계속되려면 경제, 과학 기술, 정치가 발전하는 과정에서 인간이 칼자루를 쥐고 있어야 한다. 사회적, 기술적인 힘은 점점 더 강해지며 사회를 통제하려 한다. 이러한 흐름 속에서 사회에 참여하여 구성원으로서 행동하려고 끊임없이 시도해야 한다.

《나의 믿음》에는 헤세의 믿음에 대한 글이 여러 개 실려 있다. 제1부에는 1920년대 글과 '극동 지역'에 관한 고찰을 실었다. 제2부에는 1931년부터 1935년까지 헤세가 믿음에 관해 집중적으로 탐구한 글을 실었다. 제3부에는 헤세가 1910년부터 1961년까지 쓴 편지와 고찰, 1947년에 쓴 산문인 〈신비로운 것들〉을 실었다. 이 책에 실을 글을 고르고 엮는 데 도움을 크게 준 폴커 미헬스에게 감사의 인사를 전한다.

1971년 8월
지크프리트 운젤트

차례

	7	《나의 믿음》은 어떤 책인가?
제1장	25	**영혼으로부터**
	40	**일치에 관하여**
	46	**우리 시대가 갈망하는 세계관**
	56	**극동을 바라보다**
		· 부처의 말
		· 힌두교
		· 중국의 가르침
		· 공자
		· 노자
		· 《역경》
		· 중국의 선
		· 머나먼 동쪽을 향한 시선
제2장	101	**나의 믿음**
	107	**단편 신학**
	128	**자의식**
		· 시 〈자의식〉에 관한 편지에서 발췌
제3장	143	**내가 말하는 믿음**
		· 편지 및 고찰 모음, 1910~1961년
	219	**신비로운 것들**
	242	역자 후기
	246	원문 출처

제1장

영혼으로부터

❋ 1917년

  욕망이 담긴 시선은 불순하고 왜곡되어 있다. 우리가 아무것도 바라지 않고 대상을 순수하게 바라볼 때 비로소 사물의 영혼, 즉 아름다움이 살아난다. 자신이 소유하거나 빌린 숲, 나무를 베고 사냥도 하고 돈을 빌릴 담보로 삼고 싶은 숲을 바라본다면, 숲은 숲으로 보이지 않는다. 제 욕망, 계획, 걱정, 주머니 사정을 해결해 줄 사물로만 보인다. 그럴 때 숲은 그저 땔감이며, 젊거나 늙었거나 건강하거나 병든 모습이다. 하지만 숲에 그 무엇도 바라지 않고 그저 '아무 생각 없이' 숲 깊숙한 곳의 녹색을 바라보면, 그제야 비로소 숲은 숲이고 식물이고 자연이며 아름답다.

사람이나 사람의 얼굴도 마찬가지다. 두려움, 희망, 열망, 의도, 요구를 품고 타인을 보는 사람은 사람이 아니라 자신의 욕망을 비추는 흐릿한 거울을 보는 것뿐이다. 우리는 의식적이든 무의식적이든 의문을 한가득 품고 상대방을 바라본다. 붙임성이 있을까, 거만할까? 나를 신경 쓸까? 돈을 빌릴 수 있을까? 예술을 이해할까? 그리고 상대방의 태도나 외모, 행동이 운 좋게도 우리 의도와 일치하거나 반대된다고 평가하고, 그게 맞아떨어졌다면 자신은 사람 보는 눈이 있다고 여기거나 심리학자에 버금간다고 생각한다. 옹색한 사고방식이다. 이런 식의 심리학이라면 농민이나 행상인, 엉터리 변호사가 정치인이나 학자보다 뛰어날 것이다.

욕망이 사라지고 그 자리를 관찰하고자 하는 마음이 채우면, 상대를 순수하게 바라보고 집중하려는 시선에는 모든 것이 다르게 비칠 것이다. 그러면 사람은 더 이상 유용하거나 위험하게, 재미있거나 지루하게, 온화하거나 거칠게, 강하거나 약하게 보이지 않는다. 그럴 때 사람은 본질적인 존재가 되고 아름다워지며 독특해진다. 관찰은 연구나 비판이 아니라 애정이다. 영혼의 가장 숭고하고 바람직한 상태, 욕망 없는 사랑인 것이다.

이 상태에 도달하면 단 1분, 길면 몇 시간, 또는 며칠 동안,

사람들이 평소와 다르게 보일 것이다(이 상태가 유지된다면 축복받은 것이다). 더 이상 자신의 욕망을 비추는 거울이나 일그러진 모습이 아니라 자연스러운 모습으로 보일 것이다. 아름다움과 추함, 젊음과 늙음, 선함과 악함, 개방적인 것과 폐쇄적인 것, 강인함과 연약함은 더 이상 반대 개념이나 판단 기준이 아니다. 모든 사람은 아름답고 특별하며, 그 누구도 무시당하거나 미움받거나 오해를 사서는 안 된다.

관조하는 관점에서 자연을 바라보면 모든 존재가 저마다 영원한 삶을 보여 주듯이, 인간에게 주어진 특별한 역할은 영혼을 표현하는 것이다. '영혼'이 인간에게만 존재하는지, 동물이나 식물에도 내재하는지 다투는 일은 무의미하다. 확실히 영혼은 어디에나 있고, 어디서든 생길 수 있고, 어디서든 느껴질 수 있다. 그러나 우리는 돌이 아니라 행동하고 표현하는 동물이기에(물론 돌에도 움직임, 삶, 구조, 파괴, 진동이 있을 수 있다) 우리와 같은 사람에게서 영혼을 찾는다. 영혼이 자신을 가장 잘 드러내고, 슬퍼하고, 행동하는 곳에서 말이다. 그리고 인간은 아주 특별한 존재이며 영혼을 개발해야 한다는 과제를 짊어지고 있다. 한때 인간의 역할이 이족 보행을 하고 동물의 가죽을 벗기고 도구를 만들고 불을 피우는 일이었듯이 말이다.

모든 인간은 이렇게 영혼을 표현한다. 산과 들에서 중력의 근원적인 힘을 느끼고 동물에게서 민첩성과 자유에 대한 열망을 보듯이, 인간에게서 '영혼'이라고 부르는 삶의 모든 형태와 그것을 표현할 가능성을 본다. 이는 인간에게 주어진 삶의 빛일 뿐만 아니라 특별하고, 선택받았으며, 고차원적인 최종 목표다. 물질적으로 생각하든 이상적으로 생각하든 다른 어떤 방식으로 생각하든, '영혼'이 신성하다고 생각하든 없어진다고 생각하든 상관없다. 우리는 모두 영혼이 무엇인지 알고 대단히 높은 가치가 있다고 평가한다. 깊이 있게 바라보는 인간의 시선, 예술, 영혼의 형성은 모든 유기체들에게 가장 고귀하고 새로우며 가치 있는 단계이자 삶의 흐름이다.

따라서 인간은 타인을 가장 고결하고 가치 있는 존재로 바라본다. 사람들이 자연스럽게 이런 평가를 하는 건 아니다. 나를 보면 알 수 있다. 젊은 시절 나는 사람보다 풍경이나 예술작품을 더 가까이했다. 몇 년간 사람 하나 없이 공기, 흙, 물, 나무, 산, 동물만 있는 곳에서 문학을 꿈꾸며 살았다. 인간이 영혼과 동떨어져 있으며 욕망에 지배당하고 거칠고 동물적인 존재, 어리석고 원시적인 목표에 눈이 먼 야만적인 존재, 보잘것없는 잡동사니에 눈이 벌게지는 존재라고 여겼다. 영혼을 추구하다가 길을 잃고 쇠약해졌기에 자연에서 자신의 길을, 원천을 찾아야 한다고 오해했던 것 같다.

서로 물질적인 대가를 원하지 않는 평범한 두 사람이 우연히 만나 어떻게 행동하는지 보면 여러 가지를 알 수 있다. 사람이 얼마나 위압적인 분위기를 풍기는지, 자신을 보호하려는 단단한 껍질을 얼마나 두껍게 두르는지 말이다. 본질에서 벗어나 영혼과 거리가 먼 것, 의도와 두려움, 욕망처럼 사람을 타인에게서 멀리 떨어뜨리기 위해 그물로 자신을 얼마나 꽁꽁 옭아매는지도 알 수 있다. 마치 영혼이라는 단어를 입 밖으로 꺼내서는 안 되는 듯이, 불안과 수치라는 높은 울타리로 영혼을 가두어 두어야만 하듯이 말이다. 오로지 욕망 없는 사랑만 그 그물을 찢을 수 있다. 그물이 찢어진 모든 틈에서 영혼이 우리를 바라볼 것이다.

어느 날 기차에 앉아 한 시간 동안 함께 여행할 신사들이 인사를 나누는 모습을 봤다. 이질적이고 추운, 외로이 얼음에 뒤덮인 폴란드에서 온 듯 보이는 사람들이 악의 없이 인사를 나누고 있었다. 그 모습은 낯설고 비극적으로 보이기까지 했다. 그들은 제각기 자존심이라는 요새, 그 위태로운 긍지 안에서 불신과 냉정함을 품고 살아가는 것 같았다. 이때 나는 말레이인이나 중국인이 아니라 유럽인을 떠올렸다. 겉으로 보기에 그들이 나누는 대화는 아무런 의미가 없었다. 그 대화는 다 자란 다음에도 몸에는 깨진 얼음 테두리를 매달고 있는, 영혼이라고는 존재하지 않는 세계에서 굳어 버린 상형 문자 같았다. 일상적인 대화에 자신의 영혼을 담는 사람은 극히 드물다. 영혼을 담아 말하는 사람은 시인 아니면 성인聖人에 가깝다.

말레이인이나 흑인도 영혼이 있으며 인사를 나누거나 대화할 때 유럽인보다 더 많이 영혼을 표현한다. 기계화된 세상이 지닌 괴로움을 모르는 민족이 지닌 영혼은 연대가 강하고 소박하며 어린아이처럼 아름답고 사랑스럽다. 그러나 그런 사람이 되는 게 우리의 목표는 아니다.

기차에 탄 젊은 유럽인 두 사람, 조금 더 깊이 관찰했다. 영혼이 거의 없거나 조금만 가진 듯 보이는 그들은 욕망과 의도, 계획으로 구성된 사람처럼 보인다. 돈과 기계, 불신이 가득한 세상에서 그들은 영혼을 잃었다. 이제 영혼을 다시 찾아야 하며 만약 실패하면 병에 걸려 고생할 것이다. 그러나 다시 찾을 영혼은 잃어버린 어린 시절의 영혼이 아니라 훨씬 더 섬세하고 인간적이며 자유롭고 책임감 강한 영혼일 것이다. 우리는 어린아이와 같은 영혼, 원시적인 영혼으로 다시 돌아가서는 안 된다. 더 진보한 인격, 책임감, 자유를 가져야 한다.

그 이후 어떤 일이 벌어질지 아직 알 수 없다. 두 젊은이는 원시적인 영혼을 가진 이도, 성인聖人도 아니었다. 그들은 일상적인 언어로 대화했는데, 고릴라 가죽만큼의 영혼도 담고 있지 않았다. 하지만 우리는 천천히 수백 번, 수천 번 노력하여 고릴라 가죽을 벗어 던져 약간의 영혼이나마 보여 줄 수 있을 것이다.

아무튼 두 사람이 나눈 거칠고 어눌한 대화는 이렇다.

"안녕하세요."

"네, 안녕하세요."

"여기 앉아도 될까요?"

"네, 그러세요."

두 사람은 해야 할 말을 했다. 하지만 그들이 한 말에는 의미가 없으며 그 말의 목표와 가치는 그저 원시인이 걸친 허접한 장식품이나 원주민이 코에 끼운 코걸이나 다름없다.

기이한 부분은 그 형식적인 말의 어조다. 말 자체는 흠 잡을 데 없고 예의 바르다. 그러나 그 어조는 퉁명스럽다고까지 하기는 어렵지만 짧고 차갑다. 싸우려는 의도로 꺼낸 말이 아니다. 오히려 그 반대다. 두 사람은 누구도 악의를 품지 않았다. 하지만 그 표정과 어조는 매우 차가운 데다 심지어 모욕적으로 들릴 지경이었다. "네." 하고 대답한 남자는 눈썹을 치켜올려 경멸스럽다는 듯한 표정을 지었다. 아마 실제로 그런 감정을 느끼지는 않았을 것이다. 그저 인간들이 지난 수십 년 동안 자신을 보호하기 위해 연습한 영혼 없는 대화 형식을 그대로 답습했을 뿐이다. 그는 자신의 가장 깊은 내면, 제 영혼을 숨겨야 한다고 생각했을 것이다. 영혼은 드러내야만 나타난다는 것을 몰랐을 것이다. 그는 자랑스러운 인격체다. 하지만 그의 자부심은 매우 위태로웠기에 방벽을 쌓아 보호하며 냉정함으로 무장해야 했다. 다른 사람 때문에 혹여나 미소라도 짓게 된다면 냉정하다는 자부심은 사라진다. 이 모든 냉정함, '교육받은' 사람들이 대화할 때 쓰는 불쾌하고 신경질적이며 자만심 가득한 말투는 영혼이 병에 걸렸음을 의미한다. 이 병은 필요할 때가 있으며 어떨 때는 희망적이기도 하다. 그러나 병의 징후가 나타났을 때 외에는 억압에 대응하거나 자신을 방어하지 못한다. 병에 걸린 영혼은 이 세상에서 얼마나 어리고 겁이 많으며 약하고 인정받지 못한다고 느끼는가! 얼마나 꽁꽁 숨어 있으며 얼마나 불안해하는가!

두 사람 중 한 명이라도 진정으로 원하고 느끼는 대로 행동했다면, 그는 손을 내밀어 상대방의 어깨를 툭툭 두드리며 이렇게 말했으리라.

"오, 정말 화창한 아침이네요. 모든 것이 금처럼 반짝입니다. 저는 휴가를 갑니다. 사실 제가 넥타이를 새로 샀는데, 어떻습니까? 정말 멋지지 않습니까? 참, 가방에 사과가 있는데 좀 드릴까요?"

만일 흑발 남자가 진심으로 이렇게 말했다면 상대방은 크게 기뻐하거나 감동받았을지 모른다. 미소를 짓거나 심지어 흐느껴 울었을지도 모른다. 그 순간 말하는 존재가 그 남자의 영혼이라는 사실을 느꼈을 테니 말이다. 넥타이도, 사과도, 다른 그 무엇도 상관없다. 그 남자가 다정한 말을 하는 순간 어떤 일이 갑작스럽게 벌어진다. 그리고 거기에 속한, 모두가 숨기기로 합의한 무언가가 빛으로 나온다. 숨겨야 한다는 합의는 여전히 우리를 억압한다. 하지만 언젠가는 이 합의가 깨질 것이다.

이러한 말을 들었어도 자신의 느낌을 표현하지 않을 수 있다. 기계적인 방어 수단으로 의미 없는 말 조각을 골라 던질지도 모른다. 다소 퉁명스러운 목소리로 "네, 뭐…… 좋네요." 하고 말하거나 이와 비슷하게 말할 가능성도 있다. 그러고는 인내심이 전부 닳아 없어진 듯 고개를 움직여 시선을 돌려 버릴 것이다. 시계를 만지작거리고 창밖을 쳐다보는 등 말을 붙이기 힘든 몸짓을 스무 가지 정도 하며 자신은 내면의 기쁨을 말로 드러낼 생각이 추호도 없고 이 성가신 남자에게 일종의 연민 말고 더 보일 것도 없다는 태도를 명확히 할 것이다.

그러나 실제로 아무 일도 일어나지 않았다. 흑발 남자의 가방에는 사과가 들어 있었다. 휴가를 가는데 날이 화창해서, 새로 산 넥타이를 매고, 잘 어울리는 노란 구두를 신어서 매우 기뻤다. 금발 남자가 "요즘 외환 시장이 심상치 않습니다."라고 말한다 하자. 그렇다 하더라도 흑발 남자는 영혼이 바라는 대로 "그냥 지금을 즐기자고요. 외환 시장 따위가 중요합니까?" 하고 말하지 않을 것이다. 대신 걱정 가득한 표정으로 한숨을 쉬며 이렇게 대꾸할 것이다. "네, 걱정이군요."

매우 놀라운 광경이었다. 두 남자는 (우리 모두처럼) 그렇게 행동하며 자신을 억압하는 데 전혀 어려움이 없어 보였다. 가볍고 즐거운 마음으로 한숨을 쉬고 소통할 필요가 있는 영혼을 품고도 냉정하고 방어적으로 자신의 태도를 꾸며 냈다.

두 사람을 계속 지켜보기로 했다. 말, 표정, 목소리의 높낮이에도 영혼이 없다면, 다른 어딘가에는 분명 있을 것이다. 그러던 중 어떤 일이 벌어졌다. 금발 남자는 자제력을 잃었고, 누군가 자신을 보고 있다는 느낌에도 무뎌졌다. 창밖 멀리 나무줄기가 들쭉날쭉한 숲을 바라보며 시선에서 가식이 사라졌다. 그의 시선은 자유로워졌고 젊음과 갈망, 순수하고 뜨거운 꿈으로 가득해졌다. 그러자 지금까지와 완전히 다르게 보였다. 더 젊고, 단순하고, 무해하고, 무엇보다 아름다워 보였다.

한편 흠잡을 데 없어 보이는 흑발 남자는 자리에서 일어나 머리 위 그물에 보관해 둔 가방으로 손을 뻗었다. 그는 가방이

떨어지지 않게 하려고 다른 짐을 확인했다. 가방은 제대로 고정되어 있어 혹여나 떨어질 걱정을 할 필요가 없었다. 남자는 가방을 꺼내려는 것이 아니라 그저 잘 있는지 확인하려는 듯이 부드럽게 더듬었다. 매우 실용적으로 보이는 가죽 가방에 사과와 옷가지 외에도 중요하고 귀한 물건이 들어 있기 때문이었다. 고향에 있는 연인에게 줄 선물, 닥스훈트 강아지 모양의 도자기 장식품, 마르지판*으로 만든 성당 모양 간식 같은 것 말이다. 이 남자가 지금 전념하는 것, 꿈을 투영한 것, 꿈속에서 사랑하는 것, 계속해서 품에 안고 쓰다듬으며 경탄할 만한 대단한 것들이 들어 있다.

한 시간 동안 두 젊은이를 지켜보며 사람들의 인간상을 그려 보았다. 두 사람은 인사를 했고 의견을 교환했다. 고개를 끄덕이거나 저었고, 여러 행동을 하면서 움직였다. 그러나 어떤 것에도 영혼은 들어 있지 않았다. 어떤 단어나 시선에도 없었다. 모든 것이 가면이었고 기계적이었다. 다만 전부 잊고 창문을 통해 멀리 푸르른 숲을 바라보던 시선이나 잠시 가죽 가방을 더듬어 확인하던 투박한 손길만큼은 예외였다.

문득 이런 생각이 든다. 오, 겁먹은 영혼들이여! 단 한 번이

---

*아몬드, 설탕, 달걀을 섞은 것으로 과자를 만들거나 케이크 위를 덮는 데 사용된다.

라도 내면을 드러낼 수 없는가? 구원이라는 경험에서, 신부와 맺는 유대에서, 믿음을 유지하기 위한 투쟁에서, 행동과 희생에서 아름다움과 친절함을 표현할 수 없을까? 폭력적이고 어두워진 마음의 의지에 따라 저지른 성마른 행동으로, 거친 질책으로, 범죄로, 잔악한 행위로 조급함과 절망을 표현하는 걸까? 나를 포함한 모두는 어떻게 영혼을 드러낼 수 있을까? 어떻게 영혼이 올바른 방향으로 가도록 돕고 행동과 말에 깃들도록 할까? 포기할 것인가? 다수를 따라 계속 태만할 것인가? 새를 계속 가둘 것인가? 계속 굴복할 것인가?

모든 곳에는 영혼이 깃들어 있다. 영혼이 방해받지 않는다면 우리는 괴테의 작품 속 인물들처럼 서로 이야기하고 모든 숨결을 노래처럼 느낄 것이다. 불쌍하면서도 찬란한 영혼이여, 네가 있는 곳에 혁명이 있고 부패한 자들의 몰락이 있으며 새로운 삶이 있고 신이 있다. 영혼은 사랑이요, 미래다. 그 외의 다른 모든 것은 그저 사물이고 물질이며 그것을 형성하고 깨뜨리는 우리의 신성한 힘을 행사하는 데 방해가 될 뿐이다.

이어서 이런 생각이 든다. 새로운 것이 떠들썩하게 생겨나고 인류의 유대는 뒤흔들리며 광범위한 곳에서 폭력이 자행되는 시대, 죽음이 미쳐 날뛰며 절망이 비명을 지르는 시대에 우리는 살고 있지 않은가? 영혼도 이런 선례를 뒤따르지 않는가?

당신의 영혼에 물어보라! 미래를 의미하고 사랑이라 불리는 영혼에 물어보라. 지성에 묻지 말고 이 세상의 역사를 거슬러 올라가며 샅샅이 찾지도 마라. 영혼은 당신이 정치에 신경 쓰지 않았고 일을 하지 않았다며 비난하지 않을 것이다. 적을 미워하지 않았고 경계를 제대로 세우지 않았다며 비난하지 않을 것이다. 그렇지만 영혼이 하는 요구를 자주 두려워했고 외면했다고 비난할 것이다. 가장 어리고 사랑스러운 아이인 영혼과 함께 시간을 보내지 않았다고 비난할 것이다. 영혼이 부르는 노래에 귀 기울이지 않았고 돈벌이를 위해 영혼을 팔고 이익을 얻기 위해 영혼을 배신했다고 비난할 것이다. 수백만 명의 사람들이 그러하다. 그래서 어디를 둘러보든 사람들은 모두 불안하고 억지스러우며 악독한 표정을 짓고 있다. 모두 쓸데없는 일을 하거나 주식, 요양원 따위에 쏟을 시간밖에 없어 보인다. 그리고 이런 끔찍한 상태는 몸이 나에게 보내는 고통으로 나타날 뿐이다.

영혼은 이렇게 말할 것이다. 계속 영혼을 멀리한다면 당신의 삶은 불안해지고 모든 것에 적대적이 될 것이라고. 계속 영혼에게 관심을 갖지 않고 돌보지 않는다면 무너지고 말 것이라고. 시간에 지쳐 행복해질 능력을 잃은 듯 보이는 이들은 결코 약하거나 무가치한 존재가 아니다. 그들은 선한 이들이자 미래의 싹이다. 영혼에 만족을 주지 못하고 거짓된 세상에 맞서 싸우기를 두려워하며 회피하지만 어쩌면 내일 다시 칼을 뽑아 들 사람들이다.

이런 측면에서 보면 유럽은 악몽을 꾸며 닥치는 대로 폭력을 휘두르고 자신을 상처 입히는 사람 같다.

어떤 교수가 이와 비슷하게 세상이 물질주의와 지성주의로 고통받는다고 말한 적이 있다. 이 교수의 말이 옳다. 그렇지만 그가 자신을 치유하지 못하듯, 우리를 치유할 수도 없다. 지성은 그가 스스로 파괴될 때까지 계속 이야기할 것이다. 그리고 그는 무너질 것이다.

세상만사가 원래 흘러가야 하는 대로 흐른다면 우리는 자신을 위한 의사와 보호자와 미래와 새로운 자극을 오로지 자신의 내면, 즉 불쌍하고 엉망이지만 유연하고 파괴하기는 어려운 영혼에서만 찾을 수 있다. 영혼에는 지식도 판단도 정책도 없다. 오로지 충동과 미래와 감정만이 있을 뿐이다. 거룩한 성인과 선교사는 영혼을 따랐고 영웅과 순교자, 위대한 장군과 정복자, 훌륭한 마법사와 예술가도 영혼을 따랐다. 이들은 모두 평범하게 시작해서 숭고하게 삶을 마감했다. 백만장자의 길은 다르다. 그 길은 요양원에서 끝난다.

개미들도 전쟁을 벌이고 벌들도 사회를 구성하며 쥐들도 재산을 모은다. 하지만 영혼은 다른 길을 찾는다. 영혼이 등한시되는 곳, 영혼을 대가로 성공을 얻는 곳에서는 그 어떤 행복도 꽃피지 않는다. '행복'은 이성이나 배, 머리, 지갑이 아닌 영혼만 느끼기 때문이다.

사람들이 아주 오래전부터 깊이 탐구하고 철저하게 파헤친 이 주제를 계속 붙잡고 오래 말할 필요는 없다. 상당히 오래전부터 언급되었고 시대를 초월하여 영원히 새로운 어느 인물이 남긴 말이 있기 때문이다.

"사람이 온 세상을 얻고도 제 목숨을 잃으면 무슨 소용이 있겠는가?"(마태 16,26 참조)

일치에 관하여

❀ 1923년

나는 일치를 굳게 믿으며 이 세상에서 일치만큼 신성한 개념은 없다고 생각한다. 모든 것이 신과의 일치이며, 자신을 전체에서 얼마든지 분리할 수 있는 부분으로 느낄 때, 오직 나만을 중요한 존재로 여길 때 모든 괴로움과 악이 발생한다. 나는 살면서 고통받고, 어리석은 일을 저지르고, 사고를 쳤지만, 항상 수렁에서 벗어나 자아를 잊고 일치를 느끼는 데 몸 바쳤다. 그리고 내면과 외면의 분열, 나와 세상의 분열을 환상으로 인식하고 눈을 감고서 기꺼이 일치 속으로 들어가는 데 성공했다. 물론 쉬운 일은 아니었다. 성스러움을 찾는 재능이 나만큼 부족한 사람도 없을 것이다. 그럼에도 계속 그리스도교 신학자들이 '은총'이라는 아름다운 이름을 부여한 기적을 마주했다. 속죄라는 성스러운 체험, 어떠한 저항 없이 기꺼이 동의해 일치가 이루어지는 성스러운 체험을 했다. 이것이야말로 그리스도인이 순종하고 인도인이 일치를 깨닫는 일, 바로 그 자체다.

아, 나는 다시금 일치에서 완전히 벗어나서, 외따로 떨어져 괴로워하고 증오와 악의로 가득한 자아로 존재했다. 다른 사람들도 그러했으므로 나 혼자만의 일은 아니었다. 삶 전체가 투쟁이자 세상과 전쟁을 치르는 듯한 자아를 지닌 사람들이 많았다. 이들에게 일치, 사랑, 화합이라는 개념은 생소하고 한심하고 약해 빠져 보였을 것이다. 현대인이 믿는 실용적인 종교는 그 투쟁과 자아를 미화하여 생겼다. 하지만 이런 투쟁과 이기적인 자아 속에서 편안해지는 건 꾸밈없고 강한 자연인만 가능하다. 지식이 풍부한 사람, 고통 속에서 세상을 보거나 타인을 생각하는 사람은 그 투쟁 속에서 행복을 찾지 못했다. 그들에게 행복이란 오로지 자기를 희생하고 일치를 경험해야만 얻을 수 있는 것이다.

내가 지향하는 일치란 지루하거나 단조롭거나 정신적이거나 관념적인 것이 아니다. 일치란 삶 그 자체이며 완전한 유희이자 완전한 고통, 완전한 웃음이다. 그것은 우주가 파괴되는 순간에 시바신이 추는 춤 속에, 여러 수많은 그림 속에 묘사되어 있다. 일치에는 누구나 언제든지 발을 들여놓을 수 있다. 시간이 없거나, 공간이 없어도, 지식이 있거나 없어도, 관습에서 벗어나 신과 사람과 세상과 시대의 사랑과 헌신 속에 머무르는 그 모든 순간에 일치로 들어갈 수 있다.

나에게 삶은 이 세상의 양극(일치하는 것과 일치에서 벗어나는 것) 사이를 오가는 것, 즉 이 세상의 가장 근본적인 기둥 사이를 오가는 것이다. 이 세상의 축복받은 다양성이 얼마나 황홀한지 끊임없이 언급하고 싶고, 그 다양성의 근본에는 일치가 있다는 사실을 계속해서 기억하고 싶다. 아름다움과 추함, 밝음과 어두움, 성스러움과 죄악은 아주 잠시만 대립할 뿐 줄곧 서로 뒤섞이며 변화한다는 사실을 끊임없이 보여 주고 싶다.

나에게 인류 최고의 단어는 이런 몇몇 단어들이다. 신비 속에서 양면성이 뚜렷하게 드러나는 말, 이 세상의 온갖 대립 개념이 들어 있으면서 꼭 필요한 것이자 마치 마법과도 같은 몇몇 격언과 비유들이다. 중국의 사상가 노자는 눈 깜짝할 사이에 삶의 양극을 모두 건드리는 격언을 여럿 남겼다. 그보다 더 고귀하면서 더 소박하고, 더 자애로운 일은 예수의 말들이 노자의 말과 같은 기적을 행했다는 사실이다. 그 말들은 종교이자 가르침이자 수천 년 동안 선함과 악함, 옳고 그름을 더욱 자세하고 엄격하게 일러 준 영혼의 학교다. 이 세상에 그보다 더 감동적인 것은 없다. 그런 말들은 깨달음에 도달하려면 더욱 철저하게 순종하는 태도를 유지하라고 요구한다. 하늘에서는 회개할 필요가 없는 의인 아흔아홉보다 회개하는(순종하는) 죄인 한 사람 때문에 더 기뻐할 것이다.

그런데 이런 숭고한 관념을 설파하는 데 이 한 몸을 바쳐야만 한다고 생각한다면 큰 착각이 아닐까 싶다. 이 시대의 불행은 이런 지혜가 마치 어디서든 판매되는 물건처럼 좁은 뒷길에 내던져지고, 모든 교회가 예수에 대한 믿음과 더불어 공권력, 돈, 국가의 허영심에 대한 믿음도 가르치기 때문에 생긴다. 또 가장 가치 있고 중대한 지혜를 담은 《신약 성경》이 어느 가게에서나 팔리고 심지어 선교사가 무료로 배포한다는 점도 한몫한다. 예수의 말에 담긴 전대미문의 비범하고 무섭기까지 한 통찰과 예견은 아주 세심하게 숨겨지고 방벽으로 둘러싸여 있어야 하는지도 모른다. 인간이 거룩한 말을 직접 경험하기 위해, 삶의 다른 숭고한 가치를 얻기 위해 수년을 희생하는 길을 과감히 걸어야 한다고 결심한다면 바람직한 일이다. 만약 그렇다면(나는 때때로 그렇다고 생각한다) 오늘날의 통속적인 작가가 영원을 표현하려고 무던히 애쓰는 사람보다 훨씬 더 낫고 올바른 일을 할 수 있다.

이것이 나의 딜레마이자 문제다. 이에 관해 할 말은 많지만, 말로 한다고 해서 그 문제가 사라지거나 해결되지는 않는다. 삶의 양극이 서로를 향하며 구부러지도록 하고, 삶의 멜로디를 두 성부로 작곡하는 일을 나는 절대 하지 못하리라. 그럼에도 내면의 어두운 명령을 따라 끊임없이 시도해야 한다. 그것이 내 작은 시계를 돌리는 태엽이다.

❀ 1926년

이미 잘 알려졌듯이, 극동 지역의 오랜 가르침과 종교 중 일부는 일치라는 태곳적 생각을 기반으로 한다. 이 세상의 다양한 모습, 삶의 풍성한 유희와 다양한 형태는 그 근본에 놓인 성스러운 하나로 되돌아간다. 현상계의 모든 형태는 그 자체로 존재하거나 필연적인 것이 아니라 그저 유희, 덧없는 형체들의 무상한 유희다. 신이 숨결을 불어넣은 이 형체들이 온 세상을 구성하는 듯 보이지만, 그 모든 것들, 나와 너, 친구와 적, 동물과 인간은 그저 이 세상에 잠깐 나타났다가 눈 깜짝할 사이에 사라진다. 이것들은 태초의 하나에서 잠시 현실에 나타난 부분이라 다시 원래의 모습으로 돌아가야만 한다.

이러한 일치에 관한 지식을 바탕으로 믿음을 가진 사람들과 현명한 사람들은 세상의 고난을 덧없고 사소하고 무가치하다 느낄 힘을 기르고 일치를 이루기 위해 노력하며 고통에서 벗어난다. 그 반대쪽은 다르다. 믿음을 가진 사람들이 노력하고 있어도, 저편에 일치가 있음이 눈에 보여도, 그저 제한적이고 나란히 서 있는 낯선 형태로만 삶을 받아들인다. 모두 일치했다 하더라도 이런 다른 입장이 받아들여지는 순간, 인간은 여전히 인간이지 동물이 아닐 테고, 한쪽은 선하고 다른 쪽은 악하다면 온통 혼란스러운 현실이 계속된다.

합습의 대가인 아시아의 사상가들은 서로 반대되는 방법을 사용해 다양한 시선으로 대상을 바라보고자 한다. 이는 그들에게 익숙하고 완벽에 가까운 정신 훈련 방법이다.

우리 시대가 갈망하는 세계관

❇ 1926년

불과 수십 년 사이에 완전히 변하고 달라진 지표면의 모습, 세상 모든 도시와 농촌이 산업화 이후부터 보인 그 터무니없는 변형에 버금가는 격변이 인간의 영혼과 사상에서도 발생했다. 제1차 세계 대전이 발발한 이후 이러한 전개는 더욱 빨라졌다. 이제 연장자들이 어린아이일 때 교육받고, 그때는 영원하리라, 불멸하리라 믿었던 모든 문화의 사멸과 도태를 두 눈으로 확인할 수 있다. 인간 자체는 변하지 않았다 하더라도(다른 동물 종이 그러하듯이 인간도 두 세대 이내에는 변화가 크지 않다) 우리의 영적인 삶을 지배하는 이상과 상상, 이상향과 환상, 신화와 이론은 완전히 바뀌어 버렸다. 대체 불가능한 것들이 사라지거나 계속해서 파괴되었고, 본 적 없는 새로운 것들이 그 자리를 차지했다. 문명화된 세상 대부분에서 무엇보다도 모든 삶의 질서를 확립하는 기반이 된 문화와 도덕, 즉 종교와 풍습이 부서지고 상실되었다. 우리 삶에서는 풍습이 사라지고 있다. 오래전부터 조상들에게 물려받은, 성스러우면서도 문서화되지는 않은 합의인 풍습은 인간 사이에서 꼭 지켜야 하는 예의이자 도리다.

풍습이 사라지고 있다는 사실을 생생하게 느끼려면 잠시 여행을 떠날 필요가 있다. 목적지는 이제 막 산업화가 시작된 모든 장소, 교통수단이나 노동 방식이 현대적이지 않고 그 도시 고유의 전통이 아직 조금 더 강력하게 남아 있는 장소다. 이런 곳에서는 교회의 영향력이 강하고 인간이 풍습이라고 부르던 것이 어느 정도는 남아 있다. 이렇게 '시간의 흐름이 멈춘' 곳에서는 현대 사회로 접어들며 사라져 버린 사람 사이의 교제, 인사, 여흥, 축제, 유희 등을 즐길 수 있다.

현대인들은 사라지는 풍습을 전부 대체하지는 못하더라도, 아주 조금이나마 대체하기 위해 유행을 좇는다. 유행은 계절마다 달라지며 타인과 어울리려면 필수적으로 알아야 하는 규정이다. 사람들은 필요한 유행어, 상투어, 춤, 음악 등을 배운다. 아무것도 없는 상황보다야 낫지만, 유행은 그저 덧없는 하루살이 문화일 뿐이다. 이제 우리에게 민속놀이는 없고 그저 계절을 따라 유행하는 유흥거리가 있을 뿐이다. 민요는 없고, 지난달의 유행가만 있다.

삶의 외적으로 드러나는 풍습은 인간의 깊은 욕구를 위한 종교이자 철학의 역할을 한다. 인간은 풍습을 따를 때, 의복을 입고 유흥을 즐길 때, 운동하고 담소를 나눌 때 어떤 이상(이것도 유행에 따른 하루살이 '이상'일 것이다)에 따른 모범적인 규율과 형식에 지배당하거나 이끌릴 필요가 없다. 인간은 존재의 더 깊은 곳에서 자신의 모든 움직임, 존재 그 자체, 삶, 죽어야만 하는 덧없는 운명에 의미가 있다고 여기며 그것을 직접 찾고자 한다. 이런 종교적인 혹은 형이상학적인 욕구는 음식, 사랑, 안전한 집에 대한 욕구만큼이나 오래되었고 중요하다. 이 욕구는 평온하고 문화적으로 안정된 시대에는 교회를 통해, 사회 체제를 이끄는 사상가들을 통해 충족되었다.

오늘 같은 시대에는 예로부터 전해진 종교적인 교리나 학구적인 철학에 실망하거나 그것들이 빨리 바뀌어야 한다고 조급함을 느끼는 사람이 많다. 그래서 새로운 형식, 새로운 해석, 새로운 상징, 새로운 근거를 원하는 목소리가 한없이 크다. 바로 이런 모습이 이 시대의 영적인 삶을 잘 보여 준다. 전통적인 체계가 힘을 잃고 인생의 새로운 의미를 찾는 움직임이 격렬해진다. 신도가 많은 종파, 예언자, 공동체의 창설자 등이 수도 없이 생겨나며 광란 같은 미신이 창궐하고 있다. 분별력 없고 경솔하며 생각하기를 싫어하는 사람조차도 삶의 의미를 알고 싶다는 태곳적 욕구를 품고 있기 때문이다. 만약 이런 사람이 삶의 의미를 더 이상 찾지 않는다면 풍습은 사라지고 개인의 삶은 결국 급격하게 늘어난 이기심과 점차 몸집을 키우는 죽음 같은 공포에 사로잡히게 된다. 시간이 지나면서 자신의 이기심과 공포의 신호를 찾으려는 사람은 요양원, 정신건강의학과, 정신 분석가가 주는 자료에서 그것을 명확하게 읽어 낼 수 있다.

우리의 삶은 좋았다가도 나빠지고, 굴곡지고 파괴되었다가도 재건될 수 있는, 끊이지 않고 이어지는 옷감과 같다. 그래서 문화가 붕괴하고 있다는 어둡고 슬픈 신호의 반대편에서는 형이상학적인 욕구가 각성하고 새로운 영성이 형성되고 삶에 새로운 의미를 부여하기 위해 열정적으로 노력하는 밝은 신호를 찾을 수 있다. 현대 시는 이런 밝은 신호들로 가득하며 현대 예술도 마찬가지다. 특히 소멸하는 문화의 가치를 대체할 것을 찾으려는 욕구, 새로운 형태의 종교와 공동체를 찾으려는 욕구가 커진다. 저속하고 우스꽝스러운 작품은 물론이고 위험한 창작물에 대한 수요도 넘친다. 선지자와 창시자가 우글거리고 사기

꾼과 돌팔이가 성인으로 오인된다. 허영심과 탐욕이 이 새롭고 미래가 보장된 영역으로 물밀듯이 밀려든다. 그 와중에도 영혼이 각성하고, 신에 대한 갈망이 불타오르고, 전쟁과 궁핍을 겪으며 열기가 지펴진다. 이러한 긍정적인 변화가 발생하더라도 우리를 속이는 부수적 현상 때문에 충분히 마음을 기울여 진지하게 받아들이지 못한다.

이토록 거센 흐름이 모든 사람들을 휩쓸고 나면 그 자리에는 바삐 움직이는 기업가들이 남는다. 종교로 장사하는 이러한 기업가들 때문에 종교의 위대함과 가치, 중요성을 오해해서는 안 된다.

그저 단순하게 영혼을 믿는 일부터 진정한 철학적 사변 사이, 저급한 부흥회 같은 대체 종교부터 삶을 예견하고 참되게 재해석하는 것 사이에는 수많은 형태가 있다. 그 형태는 지구를 휩쓰는 거대한 물결이거나 미국의 크리스천 사이언스, 영국의 신지학, 마즈다교(조로아스터교), 신-수피주의, 루돌프 슈타이너의 인지학, 이와 비슷한 다양한 지식들을 포괄한다. 그래서 헤르만 폰 카이저링◆은 세상을 돌아다니다가 다름슈타트에서 학교를 창설하고, 중국의 사상을 독일로 들여온 중요한 인물

◆ 다름슈타트에서 '지혜 학교Schule der Weisheit'를 창설한 철학자다.

인 리하르트 빌헬름◆과 관계를 맺었다. 동시에 수많은 마술사와 얼치기 사기꾼들, 익살을 부리는 어릿광대들이 나타났다.

어떤 것이 논의 가능한지, 어떤 것이 이미 완전히 이상한 수준에 접어들었는지 경계를 설정하지는 않겠다. 그렇지만 여전히 의심스러운 비밀 단체, 친목 조직의 창시자들, 대범하게 천박한 미국 내 유행 종교, 무지한 채 태연한 심령론자들이 존재한다. 이와 달리 겉으로 드러나야 하는, 훌륭한 업적이 있다. 예를 들어 카를 오이겐 노이만◆◆이 번역한 성스러운 불교 경전이라든가, 빌헬름이 번역한 중국의 위대한 스승들의 말이라든가, 노자의 등장이다. 노자는 수백 년 동안 유럽에 알려지지 않았는데, 지난 30년간 그의 저작이 유럽어로 번역되면서 인기를 얻었고 사상의 한 축을 담당하게 되었다. 11월 혁명◆◆◆이 일어나 혼란스럽고 불쾌한 분위기 속에서도 몇몇 숭고한 인물들, 구스타프 란다우어◆◆◆◆나 로자 룩셈부르크◆◆◆◆◆ 같은 사람들이 나타난 것과 마찬가지로 현대 종교가 미심쩍은 활동을

◆ 독일의 중국학자이자 신학자, 선교사다.
◆◆ 유럽에 불교 경전을 번역해 전달한 선구자다.
◆◆◆ 제1차 세계 대전이 끝날 무렵인 1918년에 독일에서 발생한 민주주의 혁명이다.
◆◆◆◆ 독일의 무정부주의 사상을 이끈 이론가, 무정부주의자이자 평화주의자다.
◆◆◆◆◆ 독일에서 활동한 폴란드 출신의 사상가이자 공산주의 혁명가다.

한다 해도 몇몇 기품 있고 완벽한 인물들이 나타날 수 있다. 레온하르트 라가츠 같은 이론가나, 후에 가톨릭으로 개종한 프레데릭 반 에덴이 있고, 독일에서는 아주 특이하게도 한때 작가 겸 연출가였다가 다다이즘의 창시자가 되었으며 전쟁을 반대하고 독일의 전쟁 정신을 비판한, 그리고 유대인을 잊지 않기 위해 《비잔티움의 그리스도교Byzantinisches Christentum》라는 걸작을 남긴 후고 발 등이 있다.

현대 유대교에 과거 유대교가 지녔던 본질을 보여 주고 우리에게는 종교라는 정원에 핀 아름다운 꽃인 하시딤◆의 신앙을 자신의 저서를 통해 보여 준 마르틴 부버◆◆도 언급해야겠다.

어떤 이들은 이렇게 물을지도 모른다. "이 모든 것이 어디로 이어지는가? 그 결과는, 궁극적인 목표는 무엇인가? 인간들, 즉 우리가 속한 공동체는 무엇을 기대할 수 있는가? 새로운 종파가 앞으로 전 세계적인 종교가 될 전망이 있는가? 새롭게 나타난 사상가에게 전에 없던 광범위한 철학을 일으킬 능력이 있는가?"

오늘날 많은 사람들이 이에 긍정적으로 답할 것이다. 새

◆ 유대교에서 신실함을 가리키는 용어로, '경건' 혹은 '경건한 사람들'이라는 뜻의 종교 모임이다.

◆◆ 오스트리아 태생의 유대계 철학자. 히브리어 성서를 독일어로 번역하기도 했다.

로운 가르침의 추종자, 특히 젊은이들 사이에서는 '우리 시대는 구원자가 나타나 전에 없던 문화가 탄생할 것이다. 그리하여 새로운 믿음과 도덕적 방향성이 제시될 운명이다.'라는 그들 특유의 활달한 승리의 기운이 만연하다. 기성세대와 실망한 이 시대 평론가들이 느끼는 어둡고 파괴적인 분위기는 새로운 가르침의 추종자들의 젊고 활기차지만 무언가를 경솔하게 믿어 버리는 경향과 반대편에 있다. 어쨌든 이런 젊은이들의 목소리가 화가 잔뜩 난 기성세대의 목소리보다 훨씬 편안하게 들리기는 한다. 그렇지만 이 새로운 신자들이 오류에 빠졌을 가능성은 있다.

이 시대는 무언가를 추구하고자 하는 욕구와 내적 충동으로 가득하다. 그렇기에 때로는 열정적이고 맹목적이며, 때로는 신중하고 대범하게 행동하는 사람들이 있는데, 그들의 시도는 존중할 만하다. 이 모든 것들이 실패라는 진창에 빠진다 하더라도 목표를 향한 진심 어린 노력이 될 것이다. 이 시기를 견뎌 내지 못하더라도 중요한 과업은 결실을 맺을 수 있다. 그것들은 종교가 형성되고, 새로운 종교적 가르침이 생기도록 돕고, 사람들이 견디기 힘들고 불확실한 삶을 참고 이겨 내도록 할 뿐만 아니라 높이 평가하고 소중하게 여기도록 돕는다. 그저 호의적인 자극제나 달콤한 마취제에 지나지 않는다 해도 그 역할의 가치가 작지는 않을 것이다. 하지만 그것들은 끝이 없을 정도로 대단하다. 이 시대의 지식인이 통과해야만 하는 학교다. 모든 영성과 문화에는 두 가지 과제가 주어진다. 하나는 많은 이들에게 확신과 자극을 주고, 그들을 위로하고, 그들의 삶에 의미를 부여하는 것이다. 다른 하나는 조금 더 비밀스럽다. 몇몇 사람들, 그러니까 미래를 책임질 사람들이 성장할 수 있도록 그들의 첫걸음을 보호하고 그들이 숨 쉴 공기를 제공하는 것이다.

이 시대의 영성은 기성세대가 물려받은 유산과 전혀 다르다. 훨씬 혼란스럽고, 거칠고, 전통성이 없으며 수준 낮고 체계적이지도 않다. 하지만 종합적으로 보자면 오늘날의 영성은 신비주의와 강력하게 연관되어 있으며, 더 예의 바르고 수준 높고 전통성이 가득하지만 한물간 자유주의와 일원론이 우세하던 시대의 영성과 비교해도 결코 약하지 않다. 나는 개인적으로 슈타이너나 카이저링 같은 현대 사회를 이끄는 사조의 지성이 너무 합리적인 목적만을 지나치게 추구하고 소심하며, 혼란스러운 곳이나 지하 세계로 뛰어들어 간절히 기다리던 새로운 인간성에 관한 비밀스러운 가르침을 파우스트의 '어머니들'에게 배울 준비가 덜 되어 있다고 생각한다.

현명하고 영감이 넘친다 하더라도 오늘날의 지도자들은 누구도 니체만큼 뛰어나거나 중요하지 않다. 모두가 아직 니체의 진정한 상속자가 될 정도의 능력을 갖추지 못했다. 그러나 이 시대의 상충하는 수많은 목소리와 길 사이에는 귀중한 공통점이 있다. 고통에서 탄생했으나 헌신하고자 하는 강렬한 욕구이자 의지다. 이는 모든 위대한 이들의 전제 조건이다.

극동을 바라보다

부처의 말

❀ 1921년

유럽, 특히 독일에서 100년 전부터 큰 효력을 발휘해 온 인도의 정신적 물결을 이제 보편적으로 느낄 수 있게 되었다. 라빈드라나트 타고르◆나 카이저링을 떠올려 보자. 오랜 전통을 지닌 극동 지역의 문화에 대한 유럽의 갈망은 점점 노골적으로 변했다.

심리학적으로 말하자면 이렇다. 유럽은 여러 부분이 쇠퇴

◆ 인도의 시인. 1913년에 아시아인 최초로 노벨문학상을 받았다.

하여 망하는 증상을 느끼기 시작했다. 그래서 심각하게 편파적으로만 성장하는 지식 문화(특히 전문적인 과학 분야)의 다른 쪽에서 새로움이 필요했다. 많은 사람들이 새로운 윤리나 새로운 사고방식이 아니라 영성을 가지기를 갈망하고 있었다. 지적인 능력은 영성을 길러 내는 데 적합하지 않다. 사람들은 부처나 노자보다는 요가를 더 갈망한다. 우리는 지식으로 영혼을 다스리는 경지까지 이르지는 못했지만 그럼에도 지식을 놀라운 수준까지 쌓은 이를 다수 알고 있다.

노이만의 번역본 《고타마 부처*의 말Die Reden Gotamo Buddhos》은 반복되는 구절이 많다는 이유로 독일의 문학가들에게 여러 차례 조롱당했다. 어떤 사람들은 그 편안하고 물 흐르듯 이어지는 고찰의 말을 듣고 염주를 떠올렸다. 이는 재치 있기는 하지만 주제를 온전하게 파악하지는 못한 데서 나온 비판이다. 부처의 말은 가르침을 요약한 내용이 아니라 명상의 예시다. 명상적인 사고야말로 우리가 배울 점이다. 명상이 과학적인 사고보다 더 가치 있고 지금까지와 다른 결과를 내놓을 수 있는지 탐구하는 것은 의미 없는 일이다. 명상의 목적은 서구

---

* 불교에서는 불도를 깨달은 이를 모두 부처라 부르므로, 고타마 싯다르타를 '부처님' 혹은 '고타마 부처', '고타마 싯다르타 부처'라고 부르기도 한다.

적인 지성이라는 틀 안에서 지식을 쌓는 것이 아니라 의식 상태를 전환하고, 순수한 조화를 목표로 삼으며, 이성적인 사고와 직관적인 사고가 균형을 잡고 협력하는 상태가 되는 것이다. 우리에게는 이런 이상적인 목표에 도달할 수 있을지 판단할 권한이 없다. 명상 앞에서 우리는 어린아이이자 초보자이기 때문이다. 명상이라는 기술을 손에 넣는 데에는 부처의 말을 열심히 배우는 것이 가장 빠른 길이다.

불교가 스며들어 서구의 지성이 저물까 두려워하고 초조해하는 독일 교수들이 많다. 그러나 서양은 몰락하지 않을 테고, 유럽이 불교 국가가 되는 일도 없을 것이다. 부처의 말을 읽고 감화되어 불교 신자가 되는 사람들은 그저 자신의 위안을 찾는 것뿐이다. 그들은 고행의 길을 걷는 대신 부처가 보여 주는 길을 따라 비상구를 선택한 셈이다.

유행을 좇아 실론(스리랑카)이나 샴(태국)에서 온 부처 동상 옆에 부처의 말을 엮은 세 권짜리 책을 세워 둔 멋쟁이 귀부인들은 황폐한 일상의 비참함에서 벗어나고자 부처의 가르침을 강조하는 불교라는 아편으로 도망친 고행자들만큼이나 그 길을 찾기 어려울 것이다. 만약 서양인이 조금이나마 명상을 배운다면 인도인과는 완전히 다른 결과를 얻을지도 모른다. 그때 명상은 아편이 아니라 그리스 현자가 제자들에게 처음으로 요청했듯 깊이 있게 자신을 들여다보는 방법이 될 것이다.

❀ 1922년

'미래의 종교'를 지금 논한다는 것은 쓸모없지만, 그렇게 해서 오늘날 구도자들이 과거의 몇몇 위대한 사상과 비교해서 자신에 관해 생각할 수 있다는 점에서는 가치가 있다. 물론 그렇게 비교해도 결국 패배하고 말 것이다. 진정한 믿음이 있던 시대와 비교했을 때 이 시대의 문화는 빈약하며 무력하다. 우리는 많은 지식을 쌓았다. 그러나 쌓은 지식을 버리더라도 처음부터 다시 영혼을 기르겠다는 마음의 준비가 되어 있고 그러기를 갈망한다. 그럼에도 전통과 기술, 교육이 부족하다. 내면의 삶에 관한 지식, 충동 조절 능력, 영혼을 보살필 방법을 아무것도 모른다.

그렇기 때문에 과거의 영웅에게서, 예수와 그리스도교 성인, 중국의 지식인, 부처에게 배운다는 생각은 옳고 또 중요하다. 중세 시대 수도회의 가장 사소한 규칙조차도 무력함에 빠진 우리에게는 그 어떤 교육보다도 영혼을 보살피는 데 도움이 될 것이다.

이러한 차원에서 볼 때 부처의 말은 어디에도 견줄 수 없는 풍부함의 원천이자 보고寶庫다. 부처의 가르침을 지식으로만 보거나 일치에 관한 고대 동양 사상이라고 고개를 끄덕이기만 해서는 안 된다. 현상이자 상징, 깨달은 이, 완벽한 성취를 이루어 낸 이의 말로 들어야 한다. 그래야만 그의 가르침에서 드러나는 철학적인 내용이나 종교적인 핵심과는 별개로 그 안에 깃든 인류의 위대한 본보기를 찾을 수 있다. 부처의 수많은 말 중 몇 가지만 집중해서 읽어도 일치, 영혼의 안정, 미소, 초월성, 흔들리지 않는 단단함은 물론 한결같은 친절함과 끝없는 자비를 느낄 수 있다. 이런 숭고한 영혼의 안정을 일궈 내기 위한 방법을 전하는 부처의 말에는 조언과 계시가 가득하다.

부처의 가르침에 깃든 사상은 그가 남긴 업적의 절반이다. 나머지 업적은 그가 살았던 삶이다. 그는 가장 높은 규율에 따른 영적인 자기 훈련을 행하고 가르쳤다. 이는 부처에게 '정적주의'◆와 '인도의 환상' 같은 것들을 기대하는, 아무것도 모르는 사람들이 상상하기 어려운 일이다. 이런 사람들은 부처가 서구적인 기본 도덕과 적극적 행동을 모른다고 비난한다. 부처는 스스로 수련을 마쳤고 제자들을 양성했으며 깨달음을 구했고, 결국 깨달음을 얻은 이가 되었다. 적극적으로 행동하는 유럽의 영웅들이 나서기도 전에 일어난 일이니 그들도 경

◆ 인간의 의지를 최대한 억제하고, 신의 힘에 의지하려는 수동적 사상이다.

외심을 품을 수밖에 없었을 것이다. 우리가 다가온다고 느끼는, 혹은 적어도 그렇게 되기를 갈망하는 새로운 종교나 독실함의 '내용'을 부처에게서 배우기란 쉽지 않으리라. 그가 가르친 '내용'은 이미 오래전부터 우리가 알았던 철학적인 길과 같다. 우리는 돌아가지 않고도 쇼펜하우어*를 통해서 그 길에 바로 접근할 수 있다. '새로운 종교'는 고대의 것들에 대한 새롭고 살아 있는 상징에 관해서 하는 말과는 크게 관련이 없다. 종교는 우리와 상관없는 먼 곳에서 우리의 머리 위로 다가온다. 그러니 우리는 그저 '등'에 기름을 채우고 만반의 준비를 하기만 하면 된다.

그 준비 중 하나가 경외심을 느끼는 능력이다. 마땅히 존경받아야 하는 숭고한 존재에 대한 경외심을 품고 부처를 바라본다고 해서, 그 진실하고 거룩한 목소리에 귀를 기울인다고 해서 해가 되지는 않는다. 오늘날 자주 듣는 '동양'은 위험하다는 경고는 어떤 파벌이나 계율을 지켜야 하는 편파적인 집단에서 나온 것이다.

---

* 독일의 철학자. 서양 철학자 중 불교를 가장 긍정적으로 본 인물이다.

힌두교

❀ 1923년

개신교(청교도)는 총체적으로 볼 때 가톨릭보다 유연성과 적응력이 낮다. 인도에서는 오랜 전통 종교인 브라만교를 수백 년에 걸쳐 불교가 밀어내고 대체했는데, 이제는 그 불교도 거의 사라졌고 예전 브라만교를 근간으로 한 민족 종교인 '힌두교'가 널리 퍼졌다. 힌두교에는 교리가 없다. 있다 해도 글로 남기기란 불가능하다. 이 인도의 종교는 사실상 유일무이한 유연성의 종교이자 적응력의 종교, 끊임없이 생산하는 능력을 가진 종교다. 오직 한 명의 가장 숭고하고 영적인 신을 숭배하는 '힌두교 신자'들이 있는가 하면, 여러 신과 여신을 모시는 힌두교 신자들도 있다. 유령과 마법을 믿고 무덤이나 악마를 숭배하는 힌두교 신자, 이슬람이나 그리스도교의 가르침을 믿는 힌두교 신자도 있다.

힌두교는 체계가 없다. 특정한 사상에 뿌리를 두지 않았고 종교적인 가르침을 담은 규율이 없는데도 수천 년 동안 길을 잃거나 사라지지 않았다. 오히려 독창적으로 변할 가능성을 가지고 있어 수많은 새로운 것들과 연결되고 계속 새로운 형태로 모습을 바꾸었으며 끝없는 자비를 베풀어 낯선 요소도 받아들였다. 인도에 얼굴과 팔이 많이 달린 다양한 모습을 한 신이 있듯 인도의 종교 또한 여러 가지 모습을 갖고 있다. 원시적이거나 세련될 때가 있고, 어린아이 같거나 어른스러울 때가 있으며, 부드럽거나 잔혹할 때도 있다.

글라제나프◆는 놀라울 정도로 뛰어난 통찰력을 발휘해 힌두교는 무엇인지, 어떤 역사를 가졌는지 자세히 소개하는 글을 남겼다. 그는 정의할 수 없는 것을 정의하려 시도하지 않고 그 종교가 품은 것, 외부에서는 알아채기 어려운 비밀스러운 조화가 인도인의 영혼으로 구성되었다는 점을 알아냈다. 그리고 힌두교의 근본이 수많은 예배 의식, 경전인 《베다》, 성직자들에게 있는 것이 아니라 인도인의 삶에 있음을 깨달았다. 철저한 사회적 신분 제도, 카스트 제도와 함께 하루하루 살아가는 실질적인 삶 말이다.

불교와 베단타학파◆◆의 직관은 잘 알려졌고 많은 사람이

◆ 헬무트 폰 글라제나프. 독일의 인도학자이며 《힌두교. 현대 인도의 종교와 사회 *Der Hinduismus. Religion und Gesellschaft im heutigen Indien*》라는 책을 썼다.

◆◆ 육파 철학의 하나이며, 브라만교의 교리를 정리한 학파다. 베단타는 힌두교 경전인 '베다'의 끝, 또는 그 극치라는 뜻으로 베다의 궁극적인 완성을 추구하는 인도 철학이며 사상이다.

따르기도 하지만 힌두교는 잘 알려져 있지 않다. 심지어 어떤 지식인들은 이 종교를 기피하기까지 한다. 괴테는 한때 팔이 많고 코끼리 머리를 한 신들을 극렬하게 거부했다. 그런데 이 신들이 10여 년 전부터 다시 나타났다. 예술이라는 이름으로 말이다. 그때부터 서양인이 일본의 예술 작품이 가치 있다면 당연히 같은 동쪽 나라인 인도의 작품도 가치 있을 것이라고 생각했기 때문이다. 이제 인도의 신들이 사는 세상이 다가온다. 팔 많이 달린 여신들, 가슴 많이 달린 여신들, 고대의 신들과 신성한 이들이 끊임없이 밀려든다. 이것들은 수많은 길을 따라, 신비주의와 비밀스러운 분파를 따라, 수집가와 미술품 및 골동품 애호가들을 따라, 과학이 전달된 길을 따라 우리에게 온다.

지금까지 우리는 이 지구상에서 종교적으로 가장 현명한 사람을 오로지 철학이라는 안경을 통해서만 보아 왔다. 그래서 종교를 둘러싼 여러 문제를 지성으로 해결하던 고대 인도의 체계와 이론만 알았다. 이제야 우리는 처음으로 진정한 민족 종교, 힌두교라는 유연한 종교가 가진 위대함을 깨닫는다.

힌두교에 관심을 가지는 서양인이 성가시고 골치 아프다고 느끼는 문제가 있다. 인도인에게 신은 초월적이고 인간의 의식 영역에 내재內在하는 존재라는 사실이다. 이는 그 종교의 핵심이다. 종교를 믿고 가르침을 터득하는 능력과 추상적인 개념을 사고하는 능력이 매우 뛰어난 인도인은 애초에 이를 문제라 여기지 않았다. 그들은 처음부터 모든 인간의 지식과 사고방식이 인간 세상에서만 타당하다는 것, 신에게 다가가려면 복종하고 헌신하고 명상하고 경외해야 한다는 것을 알았다.

3,000년 전과 마찬가지로 인도를 지배하는 종교인 힌두교는 어마어마한 힘을 자랑하던 반대 세력에, 상반되는 신화, 전설, 관습, 의례에 자리를 내어 주어 평화롭게 조화를 이루었다. 거칠고 험한 것 옆에 부드러운 것을, 육체적인 것 옆에 영적인 것을, 잔혹하고 야만적인 것 옆에 온화한 것을 두면서 말이다.

진리와 영원은 구체적인 형태에 있지 않다. 가장 섬세하고 고상한 형태에 있지도 않다. 진리는 그것보다 훨씬 더 높은 곳에 있다. 따라서 브라만*이 신학에 몰두하고, 관능주의자가 자식이 많은 신 크리슈나를 사랑하고, 단순한 자가 쇠똥이 발린 돌 가면을 숭배할 수 있다. 신 앞에서 모든 것은 똑같다. 그저 겉보기에 다양성과 모순이 드러날 뿐이다.

◆ 카스트 제도에서 가장 높은 계급인 승려다.

중국의 가르침

㊚ 1911년

중국에서 가장 유명한 사상가는 공자다. 중국인의 삶과 역사에 강력한 영향을 미쳤기 때문이다. 형식적이고 현학적으로 봤을 때 그가 중국인을 대표한다고 생각한다면 어느 정도는 맞다. 그러나 이런 판단을 근거로 중국의 정신을 융통성 없고 철학이 없으며 피상적이라고 생각한다면 중국인에게 부당하다. 공자가 직접 이에 반대되는 예시를 보여 주지 않았던가. 중국에도 위대한 철학자와 도덕가들이 있으나, 그들이 그리스의 철학자나 부처, 예수에 버금가는 지식을 지녔다는 사실은 널리 알려지지 않았다. 또한 중국의 가장 뛰어난 사상가조차 자신의 고향에서는 큰 인기를 얻지 못했다. 그는 늘 자신보다 다음 세대 사람인 공자의 그늘에 머물렀다. 그 사람은 바로 노자다.

노자가 말하는 도道는 모든 존재의 근본 원칙이다. 만약 그것이 강렬하고 위대하고 아름다운 도덕을 포함하지 않았더라면 그저 철학의 일종으로 무관심하게 바라볼 수도 있었다. 혹은 관심 있는 몇 사람만이 매력적이라 여길지도 모른다. 참고로 신학 교수였던 이 책의 독일어 번역가는 노자를 예수와 직접 비견하기도 했다.

학자가 아니라면 노자에게 강한 영향을 받지는 못할 것이다. 노력하지 않으면 어려운 외국어로 쓰인 그의 가르침을 이해하지 못하기 때문이다. 《도덕경道德經》은 진귀하고 특이한 수집품이나 문학 및 민족학 분야의 골동품이 아니라 고대에 관한 가장 진지하고 심오한 책이다.

공자는 《논어論語》로 우리에게 알려졌다. 공자 이후 중국 사상가의 저작 중 가장 독창적이고 생생한 가르침을 전달하는 책은 장자에 관한 기록인 《장자莊子》다. 이 책은 독일어로도 번역되었다.

장자는 노자보다 300년 이후 사람이다. 둘의 관계는 플라톤과 소크라테스의 관계와 유사하다. 중국어로 된 책에 관해, 혹은 번역가의 작업에 관해 잘난 체하며 설명하는 건 내 소관이 아니다. 그저 동양이라고는 오로지 불교나 불교에서 파생된 철학밖에 모르는 문외한이던 나에게 이 훌륭한 저작들이 완전히 새로운 가치를 가르쳐 주었다는 사실을 전하고 싶을 뿐이다. 부처와 그리스도 사이에 있는 극동 지역은 민족의 종교가 되지 못한 철학을 품고 있는데, 그 철학의 활동적이고 생생하고 아름다운 도덕은 인도-불교의 도덕보다 그리스도교의 도덕에 더 가깝다.

공자

❀ 1909년

공자의 《논어》를 읽기는 쉽지 않다. 그 책을 읽을 때면 우리가 사는 데 필요한 것과는 다른 종류의 사상과 생활양식이라는 낯선 공기를 들이마시는 기분이 든다. 나는 그 《논어》를 읽으며 보낸 날들을 후회하지 않는다. 낯선 우주의 산물을 볼 때 그러하듯 중국의 정신도 우리를 감동시킬 수 있다. 그 책을 읽는 건 그저 피상적으로 책을 바라보는 것을 의미하지 않는다. 서양의 개인주의 문화가 당연하지 않으며 반대되는 문화와 비교하여 바라보아야 한다고 가르치기 때문이다.

그뿐만이 아니다. 그 가르침 덕분에 책을 읽는 사람들의 마음속에는 때때로 두 세상이 화합할지 모른다는 이상하리만치 반짝이는 가능성이 잠시 비치기도 한다. 위대한 이방인인 공자라는 존재에서 이미 서양의 오랜 역사 속 위대한 인물들과 공통점을 찾을 수 있기 때문이다. 우리는 끔찍한 오류처럼 보였던 것을 시간이 지나 자연스럽다 느끼고, 처음에는 지독하게 무미건조하던 것들을 자극적이고 아름답다고 생각한다. 개인주의자들은 중국의 정신세계, 그들의 교육과 안정된 체제를 부러워한다. 서양의 것 중 문화와 인간이 아닌 자연을 대하는 겸손함 외에는 중국의 정신에 필적할 것이 없다.

나는 아직 소양이 부족하지만 《논어》에 나온 말들을 몇 가지 소개하며 동양의 현자를 추천하도록 하겠다.

《논어》 학이편學而篇
다른 사람이 나를 알아주지 못함을 걱정하지 말고, 내가 다른 사람을 알아주지 못함을 걱정하여라.

《논어》 위정편爲政篇
덕으로 정치한다는 것은 북극성이 제자리에 있으면 다른 모든 별들이 그 주위를 도는 것과 같다.

《논어》 위정편
공자가 말씀하시길, 나는 열다섯 살에 학문에 뜻을 두었고 서른에 자립하였다. 마흔에 유혹에 흔들리지 않았고 쉰에는 천명을 알았으며 예순에는 어떤 말이든 그대로 이해하였고 일흔에는 마음이 하고자 하는 바를 좇아도 법도에 어긋나지 않게 되었다.

노자

❈ 1910년

유럽인은 노자를 겉보기에는 중국인답지 않을 정도로 생동감 넘치고 활기차다고 생각한다. 우리에게 알려진 극동 지역의 사상가 중 서양인의 사상과 매우 가깝고 유사한 도덕적 이상을 지닌 인물은 노자밖에 없다.

최근 다시 연구하는, 세상사에는 어둡고 지나치게 궤변을 늘어놓는 경향이 있는 인도 철학에 비해 중국의 지식은 더 실용적이고 이해하기 쉽다. 원래의 노선에서 벗어나 과도하게 복잡해진 서양의 관념에 비해 고대 중국의 지식은 근본적인 가치를 더 잘 파악하고 있으며 상식에 어긋나는 서양인의 혼란스럽고 어려우며 전문성이 요구되는 철학에 비해 인류를 발전시키는 데 더 큰 도움이 되므로 부끄러움을 느낀다. 이해를 돕기 위해 빌헬름이 독일어로 옮긴 《도덕경》의 마지막 구절을 소개한다.

진실한 말은 아름답지 않고
아름다운 말은 진실하지 않다.
선한 자는 말로 하지 않고

말로 하는 자는 선하지 않으며

현자는 박식하지 않고

박식한 자는 현명하지 않다.

성인은 어떤 것도 쌓아 두지 않는다.

남을 위할수록

자신이 더 풍족해진다.

남에게 베풀수록

자신이 갖는 게 많아진다.

하늘의 도란 이롭게 할 뿐 해치지 않으며

성인의 도는 남을 위할 뿐 다투지 않는다.

❈ 1926년

  중국의 사상가 노자는 2,000년 이상 유럽에 알려지지 않았지만, 지난 15년간은 그의 《도덕경》이 유럽에 유행했다. 독일에 중국 작품을 번역해 알린 사람은 리하르트 빌헬름이다. 중국은 정치적으로 약하고 분열되어 있어, 서양 권력자들 눈에는 아주 조심스럽게 다루어야 하는 크고 풍부한 착취의 대상으로 보이지만, 그곳의 오래된 지식과 예술은 서양의 박물관과 도서관뿐만 아니라 젊은 지식인들의 마음까지 스며들고 있다. 전쟁을 치르며 흥분한 독일 젊은 지식인들의 정신에 지난

10년간 도스토옙스키 외에 이렇게나 강력한 영향을 미친 인물은 노자뿐이다.

물론 몇몇 사람들만 노자를 알고 싶어 하지만, 그렇다고 그 중요성이 줄어들지는 않는다. 노자에 사로잡힌 지식인들이야말로 재능이 넘치고, 의식 수준이 높고, 책임감이 강한 젊은 이들이다.

서양의 문화적 이상은 중국의 이상과는 완전히 상반되므로, 지구 반대편에 그토록 확고하고 존경할 만한 문화가 있다는 데 기뻐해야 한다. 전 세계가 언젠가 유럽이나 중국의 문화로 뒤덮이기를 바란다면 어리석은 일이다. 새로운 정신이 없으면 아무것도 배우거나 흡수하지 못하니 그 정신에 경의를 품어야 한다. 오랫동안 서아시아 지역을 대해 왔듯이(괴테를 떠올려 보라!◆) 극동 지역을 스승처럼 대해야 한다. 매우 흥미롭고 현명하며 생동감 넘치는 공자의 말을 읽을 때는 과거에 사라져 버린 기이하고 특이한 물건처럼 바라보아서는 안 된다. 2,000년간 중국 대륙의 정신적 지주였던 공자의 가르침을 오늘날까지도 그의 제자들이 자랑스럽게 배우고 그의 이름을 잇고 있다.

◆ 괴테는 동양, 특히 서아시아 지역의 문학과 사상에서 많은 영감을 받았다. 그의 작품 《파우스트》의 '무대 위에서의 서연' 부분은 산스크리트어 문학의 영향을, 《서동시집》은 페르시아 시인 하피즈의 영향을 받은 것이다.

그에 비하면 연륜 있고 세련되었다고 하는 유럽의 귀족들은 어린아이처럼 보일 뿐이다.

노자가 '신약 성경'을 대체할 존재가 되지는 않을 것이다. 하지만 다른 하늘 아래 비슷한 사상이 존재하고, 훨씬 오래전부터 그런 사상이 싹트고 있었음을 알면 서로 낯설고 적대적인 인종과 문화가 달라서 갈라져 있는 인류가 하나이며 공통의 이상과 목표를 가진 존재라는 믿음이 강해질 것이다.

중국에 매료되었지만 중국인의 정신이 우리와 완전히 다르다고 생각하는 사람이 많다. 그들의 덕, 강한 인내심, 고요하면서도 부지런하고 꾸준한 성격을 소극적이라서 그렇다고 생각하며, 중국의 무자비함은 우리와 근본적으로 다르다고 한다. 이는 편견이다. 중국인은 서양인만큼 잔인해질 수 있고, 무언가에 독실해질 수 있다. 만일 중국의 잔혹함이 드러난 역사적인 사건을 찾아보려면 우리가 배웠던 성경이나 고전 작품에 나오는 영웅적이고 숭고한 이들의 이야기처럼 본보기가 될 중국 영웅들의 이야기도 알아야 한다.

《역경》

❇ 1925년

우리가 읽을 수 없는 책들이 있다. 읽지 않고 그저 곁에 두고 그 분위기를 느끼는 것만으로도 몇 년이고 살 수 있는 현명하고 위대한 이들이 쓴 책이다. 대표적으로《성경》과《도덕경》이 있다. 이런 책은 한 구절만으로도 사람을 오랫동안 가득 채우고 사로잡는다. 손이 닿는 곳에 두거나 숲에 갈 때 주머니에 넣고 다니면서 읽으면 한 시간은커녕 30분도 되지 않아 매 구절마다 명상에 잠기게 된다. 그러면 하루의 자질구레한 일들을, 그 책의 뒷내용을 다시금 위대한 이들의 기준으로 바라볼 수 있다.

이런 책의 목록에 새로운 책을 더하게 되어 참으로 행복하다. 내가 소개할 책은 수천 년이나 된 고전이지만 지금까지 독일어로 번역되지 않았다. 바로《역경易經》(《주역周易》)이다. 세계 '변화'의 원리에 관한 이 책은 고대 중국의 지혜를 담고 있다. 삶이 힘들 때 이 책으로 점을 쳐 도움을 얻을 수 있다. '단순히' 그 책에 담긴 지혜 때문에 그 책을 읽고 사랑할 수도 있다. 나는《역경》에 담긴 내용을 아주 어렴풋이 이해한다. 이해한 대로 설명하자면 이 세상 만물은 두 가지로 나누어지는데,

그에 비하면 연륜 있고 세련되었다고 하는 유럽의 귀족들은 어린아이처럼 보일 뿐이다.

노자가 '신약 성경'을 대체할 존재가 되지는 않을 것이다. 하지만 다른 하늘 아래 비슷한 사상이 존재하고, 훨씬 오래전부터 그런 사상이 싹트고 있었음을 알면 서로 낯설고 적대적인 인종과 문화가 달라서 갈라져 있는 인류가 하나이며 공통의 이상과 목표를 가진 존재라는 믿음이 강해질 것이다.

중국에 매료되었지만 중국인의 정신이 우리와 완전히 다르다고 생각하는 사람이 많다. 그들의 덕, 강한 인내심, 고요하면서도 부지런하고 꾸준한 성격을 소극적이라서 그렇다고 생각하며, 중국의 무자비함은 우리와 근본적으로 다르다고 한다. 이는 편견이다. 중국인은 서양인만큼 잔인해질 수 있고, 무언가에 독실해질 수 있다. 만일 중국의 잔혹함이 드러난 역사적인 사건을 찾아보려면 우리가 배웠던 성경이나 고전 작품에 나오는 영웅적이고 숭고한 이들의 이야기처럼 본보기가 될 중국 영웅들의 이야기도 알아야 한다.

《역경》

❀ 1925년

　우리가 읽을 수 없는 책들이 있다. 읽지 않고 그저 곁에 두고 그 분위기를 느끼는 것만으로도 몇 년이고 살 수 있는 현명하고 위대한 이들이 쓴 책이다. 대표적으로 《성경》과 《도덕경》이 있다. 이런 책은 한 구절만으로도 사람을 오랫동안 가득 채우고 사로잡는다. 손이 닿는 곳에 두거나 숲에 갈 때 주머니에 넣고 다니면서 읽으면 한 시간은커녕 30분도 되지 않아 매 구절마다 명상에 잠기게 된다. 그러면 하루의 자질구레한 일들을, 그 책의 뒷내용을 다시금 위대한 이들의 기준으로 바라볼 수 있다.

　이런 책의 목록에 새로운 책을 더하게 되어 참으로 행복하다. 내가 소개할 책은 수천 년이나 된 고전이지만 지금까지 독일어로 번역되지 않았다. 바로 《역경易經》(《주역周易》)이다. 세계 '변화'의 원리에 관한 이 책은 고대 중국의 지혜를 담고 있다. 삶이 힘들 때 이 책으로 점을 쳐 도움을 얻을 수 있다. '단순히' 그 책에 담긴 지혜 때문에 그 책을 읽고 사랑할 수도 있다. 나는 《역경》에 담긴 내용을 아주 어렴풋이 이해한다. 이해한 대로 설명하자면 이 세상 만물은 두 가지로 나누어지는데,

이는 양과 음, 즉 하늘과 땅, 아버지와 어머니, 강함과 약함이다. 이를 다시 나누어 여덟 가지 성질이 되면, 8괘가 된다. 8괘라는 성질은 간략한 기호로 표시할 수 있으며, 8괘를 서로 겹치면 64개의 괘가 생긴다. 이를 기반으로 점괘를 본다. 궁금한 것을 물으면 이런 답을 얻는다.

"풍택중부괘: 믿음이 돼지와 물고기도 감동시킬 수 있으니 길하다. 대천을 건너면 이롭고 올바름을 지켜야 이롭다."

이에 관해 깊이 고찰하면 이해를 얻을 수 있다.

반년쯤 전부터 《역경》을 침실에 놓아두었는데, 하루에 한 쪽씩만 읽고 있다. 이 책에 소개된 기호와 그 조합을 공부하면 태양太陽이라는 부드러움에, 건蹇이라는 하늘에 깊이 빠질 수 있다. 이는 노력하여 독해하거나 생각하는 일이 아니라 흐르는 물이나 떠다니는 구름을 관찰하는 일이나 마찬가지다. 《역경》에는 생각과 삶의 방식에 관한 모든 내용이 담겨 있다.

중국의 선

1.

※ 1960년

중국의 선禪은 정신을 수양하고 생활에서 실천하기가 목표인데, 이는 인도에서 중국으로 전해진 불교에서 나왔다. 중국의 선은 인도의 선과는 달리 문학, 사색, 종교적 가르침을 철저히 배척한다. 인도 불교와 중국 불교의 관계는 산스크리트어와 중국어의 관계와 비슷하다. 산스크리트어란 인도·유럽어족에 속하며 복잡하고 추상적인 사상을 전개하는 도구로서 진리를 설파하는 지식을 꽃피운 언어다. 반면 아시아의 언어인 중국어는 우리에게 익숙한 정확하고 까다로운 문법이 아니라 해석의 여지가 다양하고 단어가 그림으로 보이는 언어다.

선은 문학에 큰 영향을 주었으며 1960년인 올해 선을 다룬 귀중한 책 한 권이 독일어로 출간되었다. 3분의 1만 번역했는데도 빌헬름 군데르트가 작업한 기간이 무려 12년이다. 이렇게 번역한 《벽암록碧巖錄》은 설두중현 선사가 펴낸 《송고백칙頌古百則》에 원오극근 선사가 쓴 해설을 추가한 것으로 12세기 초에 쓰였다. 《송고백칙》의 '백칙百則'이란 선문답 100가지를 말하는데, 군데르트의 번역본은 33가지를 옮겼다.

이 위대한 작품은 선불교의 범론汎論이라고 볼 수 있는데 종교의 가르침이라기보다는 정신 수양을 돕는 책에 가깝다. 이름난 스승과 선승들의 잠언을 기반으로 수련하는 이와 승려들은 선구자들이 어떤 방법으로 깨달음에 도달했는지 배울 수 있다. 즉 '대오大悟'(크게 깨달음), 정적인 것이 아니라 두 개의 극에서 발생하는 불꽃과 같은 참된 깨달음을 배우는 셈이다. 두 개의 극을 말하자면 하나는 복잡한 현세를 윤회하는 것이고, 다른 하나는 완전히 초월하고 해탈한 경지, 열반하는 것이다. 이 책에서는 대가들이 실천한 일들에 관해 여러 제자가 각각 질문을 하나씩 던진다. 그 질문은 이해할 수 있지만, 대가들의 답은 수수께끼다. 말이 어려워서가 아니라 난해한 행동을 해서인데, 뺨을 때린다든가 곤장을 때린다든가 하는 행동으로 답했기 때문이다. 대략 1100년경부터 지금까지 전승된 이러한 가르침은 800년 후인 오늘날에도 선 지도자들이 사용하는 교육 수단이다. 그 책을 독일어로 읽을 수 있다니 참으로 대단한 일이다. 모든 문답을 깊이 생각해 볼 수 있을 테니 말이다.

《벽암록》은 사람들이 전부 '읽을' 수 있는 종류의 책이 아니다. 독자들은 그 책의 미로를 하나씩 손으로 더듬어 가며 탐구하고, 때로는 왔던 길로 되돌아가야 한다. 그래서 읽었던 내용을 다시 읽었을 때 그 문장에서 보이는 얼굴이 이전과 완전히 다를 때도 있다. 이 책은 아주 낯설고 복잡하며 난해한 작품이다. 서너 겹이나 되는 단단한 껍질에 싸인 견과류와 같다. 다른 사람들은 아마 고대 인도나 고대 중국, 열반이나 선은 이미 과거의 유산이니 그것들을 수용하는 일, 즉 우리의 언어로 번역해 극동 지역의 오래된 문헌을 공부하는 일은 역사적인 보물

찾기를 하거나 낭만적인 놀이를 한다고 여길 것이다.

그러나 선은 일본에도 존재한다. 우리가 그리스도교의 가르침을 실천하듯이 일본인은 선을 실천한다. 먼 곳에서 온 석가모니의 가르침은 다양한 동양 국가에서 형태를 갖추고 쇼펜하우어와 그를 따르는 젊은 지식인들을 매료시켰을 뿐만 아니라 오늘날 서양 국가의 관심을 집중적으로 받는다. 게다가 선불교의 대표자 스즈키 다이세츠♦의 강연과 책은 유럽과 미국에서 선풍적인 인기를 끌고 있다. 선 유행은 이미 시작되었다.

2.

㊟ 1960년

요제프 크네히트가 카를로 페로몬테♦♦에게.

친구여, 완전히 과거가 되어 버린 존재가 환생하여 새로운 삶을 얻을 수 있다는 것은 위로가 된다네. 얼마 전 자네 동료 몇 명이 불교의 가르침에 푹 **빠졌다**고 했지? 특히 중국이나 일

♦ 스즈키 다이세츠 데이타로, 일본의 불교학자이자 역사학자다. 선불교를 서양에 전파하는 데 크게 공헌하였다. 심리학자는 아니지만, 카를 구스타프 융을 비롯한 서양 심리학자들에게 지대한 영향을 끼쳤다.
♦♦ 요제프 크네히트와 카를로 페로몬테는 헤세의 작품인 《유리알 유희》의 등장인물이다.

본에서 온 선불교 문학을 탐독하고 있다고 말이야. 내가 보기에 자네는 그것을 한때의 유행이라거나 쓸데없는 유희라고 생각하는 듯해. 그래서 깊이 관여하지 않으려고 마음먹은 것 같군. 자네가 먼저 그 이야기를 꺼냈으니 기꺼이 내 생각을 전하겠네. 이곳 발트첼*에서도 그 '유행'을 느낄 수 있어. 나 또한 관련 서적을 읽고 미천한 지식을 보충할 수 있었지. 최근에는 《벽암록》을 읽었다네.

내가 중국을 좋아하는 걸 이미 알고 있겠지. 사실 불교나 선 때문에 중국을 좋아했던 게 아니야. 부처를 모르던 고대 중국의 훌륭한 문호들을 좋아했을 뿐이지. 《시경詩經》,《역경》, 공자와 노자, 장자가 쓴 책이나 이들과 관련된 책은 나에게 가르침을 준 호메로스나 플라톤, 아리스토텔레스의 책과 같다네. 내가 나 자신을 알도록, 착하고 현명하고 완전한 인간상이 무엇인지 정립하도록 도와준 작품들이야. 도道라는 단어와 그 의미는 과거에도 지금도 나에게 열반보다 더 귀중해. 중국의 회화 작품도 마찬가지네. 나는 수많은 선 화가들의 격렬하며 거칠고 전통을 무시하는 듯 보이는 그림보다는 전통적이고 정갈하며 서예 작품처럼 보이는 그림을 좋아하네.

* 오스트리아에 있는 도시로 《유리알 유희》에서 요제프 크네히트가 공부하던 곳이다.

동방의 문화와 지식을 탐닉하고 "빛은 동방에서 온다Ex Oriente Lux."라는 말을 믿는 나에게 약간 거슬리는 점이 있다면 중국이 가장 고귀한 정신적인 보물을 인도, 즉 서쪽에서 받아들였다는 것이야. 이것은 다소 거만한 시각이니 역사가 멈추기를 바란다는 덧없는 소망만큼 진지하게 받아들일 필요는 없네. 글쎄, 아마 프라 필리포 리피, 피에로 델라 프란체스카, 기를란다요 다음에 미켈란젤로가 나타나지 않고, 베토벤 다음에 바그너가 나타나지 않았으면 한다는, 혹은 서양의 종교(그리스도교)가 처음 그대로 머물렀으면 한다는 의미지.

중국도 옛 황제들이나 공자, 노자의 시대에 머무르지 않았어. 첫 황금기에서 수백 년이 지난 후 중국은 다시 빛을 보았지. 기쁜 소식이든 아니든, 중국에 다시 빛을 비춘 건 해가 아니라 '머나먼 서쪽에서 온' 선승(선종의 승려)들이었네. 인도에서 전달된 불교의 가르침이 젊은 지식인들을 완전히 매혹하고 사로잡아 버렸지. 승려들은 불교에서 전해지는 어마어마한 양의 문학을 번역하고 해석하였으며 사원에 거대한 도서관을 지었네. 서쪽에서 온 빛이 국내의 오래된 별들보다 더 밝았던 걸세. 중국인은 고행하는 수행자가 되었고 용은 길들여졌어. 아니, 한동안은 그런 듯 보였지. 그런데 그날이 오고야 말았네.

용은 자신이 삼켰던 이질적인 무언가를 소화했고 기지개를 켜며 일어났어. 승자와 패자, 아버지와 아들, 이성이 진리라고 믿으며 의존하고 행동하는 서양과 차분함이 넘치는 동양이 해온 경쟁이 폭발했지. 불교는 중국이라는 새 얼굴을 얻었어. 이것이 문외한인 내가 바라본 선의 초기 단계일세.

내가 《벽암록》의 '원고'를 읽고 아직까지 생생하게 남아 있는 개인적인 감상과 기억을 전달한다면 자네에게 다소나마 도움이 되리라 생각하네. 직접 이 책을 탐독하라고 추천해야 할지 아직 잘 모르겠어. 이 책에는 온갖 매력적이고 감동적인 내용이 가득한데, 그 핵심은 매우 단단한 껍질에 싸여 있거든. 자네처럼 목표가 명확한 사람은 안 그래도 인생이 짧은데 며칠이고 몇 주고 그런 난해한 글을 해독할 시간이 없겠지. 하지만 나는 다르네. 아직 그렇게 집중해야 하는 특별한 일이 없으니 좋아하는 것만을 찾아 양심의 가책도 느끼지 않고 낙제생처럼 이리저리 떠돌아다니면서 인간 정신을 탐구할 수 있거든.

자네도 알다시피, 유명한 《벽암록》의 핵심은 짧은 일화(책에서는 수시垂示◆라고 하는 것들)야. 잘 알려진 옛 선사禪師들의 잠언과 교훈적인 행동, 실질적인 가르침 등을 적었지. 그 잠언들은 대부분 우리 같은 사람이(11세기의 중국인도 그랬겠지만) 이해하

◆ 선사(승려)가 수행자들에게 주는 교훈 및 해설을 말한다.

기 어려워. 상세히 덧붙여진 해설이 없으면 그 의미를 깨우치지 못하거든. 두 가지 예시를 들어 보겠네.

> 취암 선사가 여름 안거安居*의 마지막 날 청중들에게 다음과 같이 물었다.
> "여름 내도록 그대들을 위해 설법을 했다. 보라! 이 취암의 눈썹은 아직 그대로 있는가?"
> 보복 선사가 말했다. "도둑질하는 사람의 마음속은 근심이 가득하다."
> 장경 선사가 말했다. "눈썹이 자랐다."
> 운문 선사가 말했다. "문을 닫아걸어라."

혹은 이것은 어떤가?

> 한 승려가 향림 선사에게 물었다. "조사께서 서쪽에서 오신 것은 무슨 뜻입니까?"
> 향림 선사가 대답했다. "오래 앉아 있노라니 피로하구나."

◆ 일정 기간 동안 출가한 승려들이 모여서 외출하지 않고 수행하는 제도를 말한다.

정말 수수께끼 같은 가르침이지 않은가? 그 뒤에 암시와 의미, 심지어 마법을 거는 주문이 깃든 걸 느낄 수 있네. 신비롭게 들리지만 사실은 그렇지 않아. 이것은 정확한 목표를 가리키는 책이라네. 다만 열쇠가 필요하니 찾아야 하는데, 《벽암록》을 해설한다고 해서 눈앞에 열쇠가 나타나지는 않아. 중국과 불교에 통달한 스승이 필요하네.

그럼에도 선현先賢들의 말씀 중 단순하면서도 읽자마자 깊은 인상을 남기는 내용이 몇 가지 있네. 그중 하나는 책의 첫 부분인데, 마치 어떤 계시처럼 나에게 다가왔어. 절대 잊어버리지 않을 것 같네. 중국의 황제가 보리달마를 만나 이야기를 나눈 내용◆이야.

속세의 사람이라 아는 것이 없는 황제가 달마에게 물었네.

"불법의 근본이 되는 성스러운 진리란 무엇입니까?"

달마가 대답했어.

"만법은 텅 빈 것이니 성스럽다 할 것이 없습니다."

카를로, 이 답변에 담긴 진지하고 냉철한 위대함이 우주의 숨결처럼 나에게 불어왔다네. 나는 그 순간 직접적인 지식이

◆ 《벽암록》의 제1칙으로, 양무제가 보리달마와 불법에 관하여 이야기를 나눈 내용이다.

나 경험을 통해 '깨달음'을 얻은 듯이 황홀함과 공포를 동시에 느꼈어. 한때 우리가 엄숙한 분위기에서 이야기를 나눴던 그 순간처럼 말이야. 아무리 고민하고 생각에 빠져 봐야 깨달음에 도달하지는 못해. 영혼과 몸이 하나가 되는 과정을 실제로 경험해야만 해. 선을 탐구하려 애쓰는 모든 젊은이들이 바로 그 일치를 깨닫기 위해 노력하고 있지.

여기까지 도달하는 길은 사람 수만큼 많고 그 길잡이는 선에 통달한 스승만큼 많다네. 스승이나 제자에 대해서는 이렇게 말해야겠지. 그들 사이에서는 중국인의 모든 유형을 찾을 수 있다고 말일세. 그런데 대부분 책 속 일화에서는 스승보다 제자를 찾기가 더 어려워. 명확하게 언급되어 있지 않거든. 하지만 동화를 읽을 때처럼 찬란하게 빛나는 다재다능한 인물보다는 눈에 띄지 않고 수수한 인물이 더 큰 보물이라고 생각한다네.

스승 중에는 엄격한 사람, 부드러운 사람, 달변인 사람, 과묵한 사람, 겸손한 사람, 자신의 존엄성을 잘 아는 사람이 있네. 격앙된 사람이나 용감한 사람, 심지어는 난폭한 사람도 있지.

'만법은 텅 비었다'는 말보다 더 웅대한 격언은 아직까지 찾지 못했네. 그러나 한편으로는 말이 아닌 다른 것으로 인한 깨달음, 뺨이나 곤장을 맞아서 얻는 깨달음, 야크*의 꼬리에 맞아서 얻는 깨달음, 양초에 불을 붙였다가 곧바로 꺼 버리는 행동을 통한 깨달음을 찾았어. 어느 과묵한 스승은 제자들에게 입이 아니라 검지로 답을 주었다고 해. 입 대신 검지를 들어 말하는 것이지. 그 손가락만 보고서도 성숙하고 영민한 제자들은 형언할 수 없는 깨달음을 얻었어. 한 번만 읽어서는 도무지 헤아릴 수 없는 일화도 많아. 아주 생소한 사람, 심지어 동물이 낯선 언어로 끊임없이 수다를 떨거나 말싸움을 하는 기분이야. 그러다가 나중에 다시 한번 읽으면 갑자기 내 정신의 모든 문이 활짝 열리는 기분이라네.

우리가 선이라는 개념을 접하기 훨씬 전에 내가 생각하는 '깨달음'에 대해서는 이미 자네에게 말했으니, 중국 불교의 깨달음에 관해 내가 알게 된 점이 무엇인지 조금 더 언급하고 또 곰곰이 생각해야겠네. 언젠가 깨달음의 빛에 휘감기는 경험을 한 적이 있어. 벌써 여러 차례. 서양에서도 낯선 일은 아니지. 모든 신비주의자들과 그들의 제자들이 경험한 일이니 말이야. 신비주의자 야코프 뵈메**의 체험을 언급할 수

◆ 소의 일종으로 중앙아시아 고원 지대에 서식하며 가축으로도 사육된다.

◆◆ 독일의 신비주의자, 철학자다. 주요 저서로는 자신의 신비 체험을 담은 《아우로라 *Aurora*》와 《그리스도에 이르는 길 *Christosophia*》 등이 있다.

밖에 없겠지.

그런데 내가 말하는 중국인, 특히 선현들은 깨달음의 상태를 평생 유지하는 것 같아. 깨달음이 번뜩이는 찰나의 순간을 단단히 붙잡아 태양으로 만들기라도 했는지. 그에 비하면 내 이해력에는 빈틈이 있네. 영원히 유지되는 깨달음이라든가 생활에 자리 잡은 황홀경을 상상할 수 없으니 말이야. 아마도 내가 서구적인 사고방식을 거의 버리지 못한 채로 동양의 세계에 들어갔나 봐. 그래도 한 번 깨달음을 얻은 사람은 두 번, 세 번, 열 번도 깨달음을 얻을 수 있겠지. 자연의 섭리에 따라 잠들거나 무의식의 세계에 빠지지만 번개처럼 번뜩이는 깨달음의 불빛을 보지 못하는 사람들과 달리 말이야.

마지막으로 자네에게 꼭 기억해야 할 교훈이 담긴《벽암록》의 내용을 한 가지 더 일러 주겠네. 10세기경에 운문 선사가 살았는데, 수많은 업적을 남겼다고 해. 중국 남부에 있는 광둥성 운문산이 그의 거처였어. 어느 날 '원遠'이라는 남자가 중국의 절반을 걸어 운문 선사가 있는 절에 도착해 문을 두드렸지. 운문 선사는 그를 받아들여 시자侍者*로 삼고 가르쳤다네. 아마 위대한 운문 선사는 젊은 수행자에게서 그 자신조차 모르

◆ '장로長老 곁에서 시중드는 이'라는 불교 용어로 사용되었다.

는 숨겨진 능력을 보았을 테지. 그러나 그 수행자는 이해가 느려서 운문 선사가 끝없는 인내심을 발휘해야 했네. 자네는 아마 이렇게 묻겠지.

"얼마나 오랫동안?"

그러면 내가 이렇게 답하겠지.

"18년."

18년이라는 긴 세월 동안 운문 선사는 원 시자와 이런 대화를 나누었다고 해. "원 시자야!"라고 운문 선사가 부르면, 원 시자는 "예." 하고 답했지. 그러면 운문 선사가 "무엇이냐?"라고 물었지. 그럴 때마다 원 시자는 당황스러워하며 설명했는데, 그러다가 어느 순간 본능적으로 깨달았어. 스승의 부름과 자신의 대답에 어떤 의미가 있다고 말이야. 그래서 의미를 찾으려고 온 힘을 다해 노력했지. 아마 다음 날 스승에게 뭐라고 대답해야 할지 고민하느라 반나절을 보낸 적도 있을 거야. 스승의 질문은 원 시자가 18년 동안 매일같이 노력해 깨야 했던 호두 껍데기였네.

그러던 중 그날이 왔지. 스승이 자신을 부르자, 그날따라 "원 시자야."라는 부름이 평소와 다르게 들린 걸세. 지금 불린, 제시된, 명령받은, 선택된, 소환된 그것은 그의 이름, 그 자신, 다른 어떤 이도 아닌 그의 것이었어. 먼 곳에서부터 천둥이 치듯,

"원 시자야!"라는 소리가 울렸지. 마치 베일이 벗겨진 듯 원 시자는 듣고 볼 수 있게 되었어. 이 세상의 진정한 모습과 그 가운데 선 자신의 모습을 보았지. 찬란한 빛이 그를 비추었어. 그때 그는 "예."라고 대답하지 않았어. 대신 "제가 알았습니다."라고 조용히 말했지.

정말 아름다운 이야기가 아닌가? 그런데 이야기는 아직 끝나지 않았네. 원 시자는 그가 오랜 시간 동안 바라 마지않았을 깨달음을 얻을 운명이었을 뿐만 아니라, 더 큰 힘을 품고 있었어. 그래서 원 시자는 운문 선사의 가까이서 보살핌을 받으며 3년 더 머물렀지. 그러다가 득도의 경지에 올라 스승의 곁을 떠났는데, 이 사람이 바로 향림 선사라네. 다시금 중국의 절반을 돌아 고향으로 돌아간 그는 이후 40년 동안 절을 이끌었어. 많은 사람들이 그를 두고 운문 선사의 제자 중 가장 뛰어난 사람이라고 불렀지.

80세인가 그 이상의 나이가 되어 입적할 때가 가까워졌을 때, 향림 선사는 자신의 추종자이자 절의 후원자이기도 했던 그 고을의 지사를 방문해 작별인사를 나누었어. 다시 떠나기로 결심했다고 말이야. 그 말을 들은 지사의 아랫사람이 비웃으며 "이 스님이 나이가 들어 미쳤구나. 여든이 되었는데 어디로 떠난다는 말인가!"라고 했네. 지사는 선사를 두둔하며 함부로 판단하지 않고 정중하게 작별인사를 나눈 뒤 몸소 배웅했어. 선사는 절로 돌아가 다른 모든 스님들을 불러 모은 다음 자리에 앉아 조용한 청중들에게 말했네.

"이 노승은 40년 동안 두들겨서야 쇳조각 하나를 만들어냈다."

그런 다음 고통 없이 편안하게 여행길을 떠났지.

그럼 이만 줄이겠네, 카를로.

J. K. 로부터

3.

들어 올린 손가락

구지俱胝 선사는 소문과 같이
고요하고 온화한 성품이라
말과 가르침을 전부 단념하였는데
말이란 드러나는 모습일 뿐이니 선사는 숙고 끝에
온갖 겉치레를 피하기로 양심껏 결심하였다.
많은 제자와 선승◆, 수행자가
이 세상의 의미와 최고의 재산을 얻고자
기품 있는 말과 반짝이는 정신에 기꺼이 몰입하면
그 스님은 조용히 바라보며
다만 흘러넘침을 경계하였다.
사람들이 몰려들어
고서나 부처의 이름에 관한 의미나
허망하거나 진지한 것들,
깨달음이나 이 세상의 시작과 끝에 관해 질문하면

◆불교의 참선하는 승려다.

그는 입을 다물고 그저 허공을 가리키듯
손가락만을 들었다.
소리 내지 않고 말하는 그 가리킴은
더욱 진심 어린 충고를 보내는 것이었다.
그 손가락은 말하고 가르치고 칭찬하고 벌주고
또한 유일한 방식으로
이 세상의 심장과 진실을 가리켰으니
여러 제자들은 가만히 들어 올린 그 손가락을
이해하고 두려워하고 깨달았다.

선사禪寺의 젊은 수행자

모든 것이 현혹이자 환상이며
진실이란 늘 형언하기 어렵다지만
그럼에도 나를 바라보는 산은
선명하고 정확하게 알 수 있다.

사슴, 까마귀, 그리고 붉은 장미와
바다의 푸른빛과 다채로운 세상
정신을 집중하면 그것들이 모두 허물어져
형태와 이름을 잃을 것이다.

생각을 가다듬고 명상하고
관조觀照를 배우고 독서를 배워야 한다!
정신을 집중하라, 그러면 세상은 가상假象이 된다.
정신을 집중하라, 그러면 가상은 본질이 된다.

머나먼 동쪽을 향한 시선

🎱 1960년

내가 50년 전에 인도에 갔을 때, 동쪽 지역에서는 백인이 '토착민'이나 '유색인'의 주인이 되어 그들과 대립하고 있었다. 개척자들과 유럽 상인 중에는 인도나 중국의 건축, 말레이의 바틱◆, 그들의 언어, 종교, 민속 축제에는 별 관심이 없고 중국 도자기나 자바섬의 와양 인형◆◆을 모으거나 각국의 자연 경관을 보는 데만 혈안인 사람들이 많았다. 자바섬과 수마트라섬에 체류한 식민 제국 공무원 중에는 작가 물타툴리◆◆◆에게 열광한 이들도 있었다. 그러나 백인이자 지배자인 그들 중 울타리를 넘어 토착민들에게 가까이 가는 이는 없었다. 내가 수마트라섬에 머물렀을 때 겪었던 잊지 못할 작은 사건이 있다.

◆ 동남아시아를 대표하는 전통 염색 기법이다.
◆◆ 인도네시아의 전통 인형극에 쓰이는 인형. '와양'은 인도네시아 자바어로 '그림자'를 뜻한다.
◆◆◆ 네덜란드 소설가로 본명은 에뒤아르트 다우어스 데커르다. 인도네시아에서 지방관과 부이사관을 지냈다. 자국의 식민 통치를 풍자하는 글을 쓰기도 했다. 저서로는 《막스 하벨라르》가 있다.

바탕하리강*에서 꽤 멀리 떨어진 고지의 숲을 구입한 무역 회사의 방갈로에서 며칠을 보냈다. 사방에 드문드문 보이는 초가집에는 말레이인 벌목꾼들이 살았고 우리 중국인 요리사가 거기에 얹혀 지냈다. 어느 날 저녁 멀끔하지만 울적해 보이는 말레이인이 찾아왔다. 다른 사람에게 듣기로 그는 이 지역 족장의 아들로 명문가의 자제라고 한다. 그는 관습적인 말로 나에게 인사했다.

"타베 투안Tabeh tuan(안녕하세요, 주인님)."

나도 정중하게 "타베 투안."이라고 대답했다. 그 명문가의 자제가 돌아가고 난 뒤 회사의 지배인이 와서 말레이인에게 '투안(주인님)'이라고 칭해서는 안 된다고 나를 나무랐다.

내가 많은 것들을 배웠고 존경하는 '유색 인종'은 인도인과 중국인이나. 그늘 모두 서양의 문화와 대등할 정도로 의미 가득하고 아름다운 정신과 예술의 문화를 만들어 냈다.

인도의 사상이 가장 화려하게 꽃피운 시기는 유럽과 비슷하게 대략 호메로스와 소크라테스가 있던 시기 사이다. 그때는 인도인과 그리스인이 이 세상과 인류에 관해 역사상 가장 깊이 고찰했고 위대한 사상과 믿음 체계를 만들었다. 그때 이

◆ 인도네시아, 수마트라섬에서 가장 긴 강이다.

후로는 그러한 체계가 본질적으로 성장하지 못했지만, 지금까지도 생동감이 넘치며 수백만 명의 삶을 유지하도록 한다. 그렇기에 애초에 성장할 필요가 없었는지도 모른다.

고대 인도 철학은 그 어떤 서양의 사상도 견줄 수 없을 정도로 과감하고 대범한 생각과 뛰어난 논리를 가지고 있다. 또 다른 한편으로는 매우 다양하고 깊이 있으며 유머 넘치는 신화, 대중적인 신들과 악마들의 세상, 호화롭고 풍성한 우주가 있으며, 이것들은 문학 작품과 조각에서, 사람들의 믿음 속에서 번성한다. 이 다채롭고 반짝이며 열대 우림처럼 무성한 세상에서 금욕과 고행을 통해 깨달음을 얻은 신성한 인물, 부처도 나타났다. 오늘날 불교는 처음 인도에서 생겼고, 나중에 중국과 일본에서 선불교로 재탄생해 고향인 아시아는 물론이고 유럽 전체와 미국 등에서 최고의 도덕과 강한 흡인력을 갖춘 종교로 칭송받고 있다. 200년 전부터 서양 사상은 인도 철학에 막대한 영향을 받았다. 독일의 지식인들은 쇼펜하우어라는 길을 거쳐 인도 철학을 배웠다.

인도 철학이 정신적으로 충만하고 믿음이 깊다면, 중국 사상가들은 실질적으로 삶과 국가와 가족을 꾸려 나가기 위해 정신을 수련하고자 한다. 중국 사상가들이 우선시한 관심사는 모든 이들의 안녕을 성공적으로 보장하도록 나라를 통치하는 데 필요한 것이다. 이는 헤시오도스와 플라톤의 관심사이기도 했다. 극기의 미덕, 예의의 미덕, 인내의 미덕, 평정심의 미덕은 서양의 스토아학파에서도 소중하게 여긴 가치다. 한편으로 형이상학적이고 근원적인 사상가도 있는데, 선두에 선 인물은 노자와 그에게 시를 배운 장자다. 불교의 가르침이 스며든 이후 중국은 서서히 참신하면서도 대단히 효과적인 형태의 불교를 발전시켰다. 그것이 바로 선(선불교)인데, 이는 인도식 불교와 마찬가지로 오늘날 서양에 지대한 영향을 미쳤다. 또한 고도로 발달한 섬세한 회화 예술이 중국의 지성을 보필하고 있다는 것도 모두 알고 있다.

오늘날 세계정세는 겉으로 보기에 모든 것이 바뀌었다. 지배당하던 사람들이 백인 지배자들의 손아귀에서 벗어난 것만으로 그런 변화가 일어나지는 않았다. 이제 완전히 다른 권력이 아시아를 뒤덮는 폭풍을 일으키고 있다. 한때 지구상에서 가장 평화를 지향하고 전쟁을 격렬하게 반대하던 중국인은 오늘날 가장 무서운 사람들이 되었다. 그들은 인도인과 어깨를 견줄 만큼 독실한 티베트인을 정복했고 인도와 다른 주변 국가들을 계속해서 위협하고 있다. 나는 단지 그 상황을 바라볼 뿐이다. 17세기 프랑스나 영국의 정치 상황을 오늘날과 비교한다면 한 국가의 정치 양상이 아주 짧은 시간 동안 급격하게 변할 수도 있다는 사실을 알게 될 것이다. 그렇다고 국민성도 정치 상황에 맞게 변화했다는 뜻은 아니다. 그러니 중국인도 이렇게 혼란스러운 시대 속에서 자신들의 훌륭한 성품과 재능을 잃지 않았으면 하는 바람이다.

제2장

나의 믿음

※ 1931년

나는 기회가 닿을 때마다 수필에 나의 믿음을 고백해 왔다. 그런데 대략 10년 전, 소설에 나의 믿음을 기록한 적이 있다. 그 소설은 《싯다르타》다. 그 안에 담긴 종교적인 내용은 인도 학자들과 일본 승려들이 자주 평가하고 논의하였지만 그리스도교 신학자와 사제들은 그렇지 않았다.

그 책에 담긴 나의 믿음이 인도식 이름을 갖고 인도의 얼굴을 하고 있는 것은 우연이 아니다. 나는 독실한 개신교 신자의 자식이자 손자였으며 인도의 종교적 계시를 읽어 인도의 종교도 알았다. 내가 중요하게 여기는 인도의 계시는 《우파니샤드》◆와 《바가바드기타》◆◆에 담겨 있으며, 부처의 말에도 있다.

외할아버지, 아버지, 어머니까지 인도에서 선교 활동을 하셨기에, 인도의 종교를 접할 기회가 있었고, 처음으로 가슴 벅찬 믿음을 느꼈다. 종교에 우열이 없다는 사실을 깨달은 사람은 나와 내 사촌 한 명뿐이었지만, 외할아버지와 부모님도 인도의 믿음에 담긴 풍부하고 근원적인 지식을 알고 계셨다. 그러나 인도의 종교에 온전히 공감하지는 않으셨다. 나는 그리스도교를 경험했듯이 힌두교의 정신도 들이마셨다.

그리스도교는 내 삶을 결정하는 구체적이며 단단한 형태였다. 내가 처음 알았던 그리스도교는 경건주의적 개신교였고, 그에 관한 체험은 강렬하고 깊었다. 외할아버지와 부모님이 모든 것을 하느님 나라를 위해 결정하고 하느님을 섬기는 데 바쳤기 때문이다. 자신의 삶을 신에게 바치는 봉헌물로 보고 이기적인 충동이 아니라 신에게 헌신하고 봉사하며 살기로 결심한 사람들 곁에서 어릴 때부터 경험하고 얻은 것들은 삶에 강한 영향을 미쳤다.

나는 이 '세상'과 세상 사람들을 진지하게 받아들인 적이 한

◆ 고대 인도의 철학 경전. 힌두교 이론과 사상의 토대를 이루는 철학 문헌들을 모은 것이다. '베다의 끝' 또는 '베다의 결론'이라는 뜻에서 베단타라고도 불린다.
◆◆ '베다', '우파니샤드'와 함께 힌두교 3대 경전으로 꼽히는 철학서다.

번도 없다. 세월이 지날수록 더 그러했다. 하지만 부모님의 그리스도교는 삶이자 생활, 봉사와 희생, 공동체와 사명으로서 매우 위대하고 귀한 종교였다. 어린 시절에 접한 그리스도교는 종파에 따라 나뉘고 파벌에 집착하는 면도 어느 정도 있었는데, 나는 그런 부분을 일찍부터 의심스러운 눈초리로 바라보았고 견디기 어렵다고 생각할 때도 있었다. 사람들이 읽고 노래하는 여러 구절 때문에 내면의 시인이 모욕당했다 느끼기도 했다. 내가 조금 더 자랐을 때, 외할아버지나 아버지는 가톨릭과 달리 개신교에 확고한 교리가 없고, 잘 보존된 예식이 없으며, 개신교가 진정한 교회가 아니라는 사실에 얼마나 고통받고 있는지를 더 이상 숨길 수 없었다.

소위 '개신교적'인 교회는 없고, 그마저도 몇몇 작은 지방 교회로 분열되었다는 사실, 그 교회와 교회를 이끄는 개신교 지도자들이 일군 역사가 가톨릭 교회의 역사보다 고상하지 않다는 사실, 이런 단조롭고 별 볼 일 없는 교회에서는 진정한 그리스도교 신앙이나 하느님 나라에 대한 참된 헌신을 눈 씻고도 찾아볼 수 없다는 사실, 그보다도 더욱 이해하기 힘든 점은 바로 이런 이유 때문에 영감을 받고 일깨워진, 미심쩍고 덧없는 형태의 종파가 있다는 사실이었다. 그때 당시 어린아이였던 나조차도 이것들을 눈치챌 정도였다. 하지만 아버지가 있는 집에서는 지역 교회나 그 전통적인 형태를 늘 존중을 담아 언급해야 했다(나는 그런 존경심이 거짓이라 느꼈다).

그리스도인으로 가득한 환경에서 어린 시절을 보냈는데도 교회에서는 종교적인 체험을 아무것도 하지 못했다. 집에서 명상과 기도를 하고, 부모님이 신앙생활을 하는 것을 보았다. 가난과 곤경에 처한 이들에게 베푸는 친절, 그리스도인과 나누는 사랑, 이교도에 대한 관심, 신앙인으로 살아가며 보이는 거룩할 정도의 면모는 교회가 아니라 성경에서 자양분을 얻었다. 주일 예배, 아이들을 위한 성경 강독, 주일학교는 아무 의미가 없었다.

이렇게 안다고 자신 있게 말할 수 없는 그리스도교, 그리고 감상적인 찬송가, 지루한 목사들의 설교와 비교하여 인도 종교와 시의 세상은 훨씬 구미가 당겼다. 인도 종교와 시는 숨 막히는 비좁음이 없고 회색 칠이 된 싸늘한 설교단이나 지나치게 경건한 성경 낭독 시간의 냄새도 나지 않았다. 거기서는 상상력의 숨통이 트였다. 나는 인도라는 세계에서 나에게 가장 먼저 닿은 지식을 아무런 저항 없이 받아들였고 그 여파는 평생 이어졌다.

내가 믿는 종교는 나중에 그 형태를 자주 바꾸었는데, 갑자기 개종한 듯 변한 것이 아니고, 서서히 성장하고 발전하듯이 변화했다. 나의 '싯다르타'는 깨달음이 아니라 사랑이 중심이었다. 싯다르타는 종교적 가르침을 거부하고 일치의 체험을 중점으로 삼았다. 사람들은 이런 면을 그리스도교와 일맥상통한다고, 개신교 같다고 느낄지도 모른다.

나는 인도의 철학 세계를 먼저 알고 나서 중국 철학을 접했고, 더 발전할 수 있었다. 중국의 전통적인 덕이라는 개념을 안 뒤로는 공자와 소크라테스가 마치 형제처럼 보이기 시작했다. 또한 노자의 숨겨진 지혜와 그 신비로운 역학도 나를 구성하는 중요한 요소다.

가톨릭 신앙이 굳건한 몇몇 사람들과 어울리다 보니 그리스도교의 물결이 다시 나를 덮치기도 했다. 그중에 내 친구 후고 발이 있다. 그는 종교 개혁을 가차 없이 비판했고, 나도 인정할 수밖에 없었다. 그렇다고 가톨릭으로 개종하지는 않았다. 그때 가톨릭의 활동과 정치에 관해서도 조금 알았고 진실하고 순수하며 위대한 후고 발이 그가 믿는 교회나 종교적 대리인, 정치적 대리인의 뜻에 따라 행동하는 것도 보았다. 그는 상황에 따라 때로는 그들이 원하는 대로 홍보 활동을 하기도 했다. 그런 교회는 종교를 위한 이상적인 공간이 아니다. 발버둥과 허세, 끊임없는 말다툼과 야비한 권력 의지가 난무하는 그런 곳에서 그리스도교적 삶은 아주 사적이고 은밀한 곳으로 숨어들었으리라.

내 종교 생활에서 그리스도교는 지배적인 역할을 한다. 나는 교회를 중요시하는 그리스도인이라기보다는 영성 생활을 중요시하는 그리스도인에 더 가깝다. 그리고 갈등이 없지는 않았으나 격렬한 싸움 없이도 유일한 가르침이 '일치'인 인도와 아시아의 색채가 더 짙은 믿음과 함께 지내고 있다. 나는 평생을 종교 없이 산 적이 없고 애초에 종교 없이는 하루도 살 수 없었다. 하지만 그 세월을 교회 없이는 살았다.

종파와 정치 성향에 따라 나뉜 각각의 교회는 세계 대전 중에는 대부분 민족주의를 풍자하는 듯 보였다. 개신교 종파들은 일치를 이루지 못했는데, 나에게는 이것이 분열된 독일의 무능력함을 고발하는 상징처럼 보였다. 이런 생각 때문에 예전에는 로마 가톨릭 교회를 존경하면서 질투했다. 확고한 형태와 전통, 영적인 현현顯現을 추구하는 개신교 신자다운 갈망은 오늘날까지도 내가 서양의 위대한 문화 창작물을 사랑하는 바탕이다.

어쨌든 나는 때때로 좁은 방이 아니라 제단 앞에서 기도하고 외로운 자아비판이라는 모순에 죄를 털어놓는 것이 아니라 고해소의 격자 구멍에 대고 고해성사를 할 수 있는 가톨릭 신자들이 부럽다.

단
편

신
학

❀ 1932년

지난 세월 생각해 왔던 것과 직접 남겨 둔 메모를 바탕으로 내가 좋아하는 두 가지 개념을 하나로 묶어 글로 남기고자 한다. '인간 성숙의 3단계'와 '인간의 두 가지 근본적인 유형'이다. 이 두 가지 개념 중 먼저 언급한 인간 성숙의 3단계가 더 중요하다. 거룩하다고까지 할 수 있다. 나는 그것을 절대적인 진리라고 믿는다. 두 번째 개념은 순전히 주관적인데, 내가 원래 가치보다 지나치게 진지하게 받아들이지 않기를 바랄 뿐이다. 그것은 이따금 삶과 역사를 관찰할 때 도움이 되곤 한다.

인류의 발달, 즉 인간 성숙의 3단계는 순수함에서 시작한다(낙원, 어린 시절, 아무 책임 없는 초기 단계). 그러다가 인간은 죄를 짓고, 선과 악을 알고, 문화와 도덕, 종교와 인류의 이상을 필요로 한다. 모든 사람들이 개인적으로 이 단계를 지나가지만, 덕의 실현이나 완전한 복종, 섬김이 존재하지 않으며 정의는 도달할 수 없는 곳에 있고 선량함도 손에 넣을 수 없다는 생각이 들면 절망하게 된다. 이것이 두 번째 단계다. 절망은 몰락이나 영혼의 제3영역으로, 도덕과 법칙을 넘어서는 상태의 체험으로, 그러다가 은총과 구원에 대한 추구로, 짧게 말해 '믿음'으로 이어진다. 믿음을 어떻게 표현하든, 어떤 형태로 받아들이든 그 내용은 항상 다음과 같다.

> 우리는 선을 추구하려 노력해야 한다.
> 우리는 이 세상과 자신의 불완전함에는 책임이 없다.
> 우리는 자신을 지배하는 존재가 아니라 지배당하는 존재다.
> 우리의 이해를 벗어나는 곳에 신이나 그에 준하는 '어떤 것'이
> 있으니 우리는 그 종이며, 그 존재에게 자신을 내맡겨야 한다.

유럽인으로서, 그리스도인에 가까운 사람으로서 표현해 본다. 인도의 브라만교(인류가 만들어 낸 최고의 신학이다)에는 다양한 범주가 있는데, 모두 유사하게 해석할 수 있다. 브라만교의 단계는 대략 이렇다. 순수한 사람이 불안과 욕망에 지배당

해 절망하고, (믿음이 깊어져) 구원을 갈망한다. 구원으로 가는 방법은 요가, 즉 충동을 억누르는 수련을 하는 것이다. 요가를 완전히 육체적이고 기계적인 고행으로 삼든, 아니면 고차원적인 정신적 수행으로 삼든 그 의도는 항상 환상 세계와 감각계에 아랑곳하지 않는 연습, 정신 집중, 우리 내면에 있으며 세계정신과 함께인 아트만◆을 위한 것이다. 요가는 정확히 인간 성숙의 두 번째 단계, 즉 구원을 갈망하는 단계에 해당한다.

사람들은 요가를 대단한 수행법이라 과대평가하고, 순수한 사람들은 참회자를 신성한 사람이나 구원받은 사람이라고 생각하는 경향이 있다. 그러나 요가는 거쳐야 할 단계일 뿐이고 결국 절망으로 끝난다. 부처의 전설이(그리고 수많은 다른 것들이) 이를 명확하게 드러낸다. 요가가 은총에 길을 내어 줄 때, 도달하기 위한 노력, 성실, 욕망, 굶주림으로 인식될 때가 되어야 취생몽사醉生夢死◆◆의 꿈에서 깨어난 사람이 자아가 상처 입거나 더럽혀지는 일 없이 자신을 불멸의 존재로, 진정한 영혼으로, 아트만으로 여길 수 있을 것이다. 그러고는 삶에 관

◆ 인도 철학에서 가장 중요한 원리이며 '영혼', '자아', '참된 나'를 말한다. 산스크리트어로 '호흡', '숨'을 의미한다. 한자로는 '아我'로 번역된다.

◆◆ 취한 듯 살다가 꿈을 꾸듯이 죽는다는 말로 아무 목적도 의미도 없이, 이루어 낸 성과도 없이 평생을 산다는 뜻을 지니고 있다.

여하지 않는 구경꾼이 되어 마음대로 어떤 행동을 하거나 하지 않을 수 있고 즐기거나 아쉬워할 수 있다. 그의 자아는 완전한 자신이 된다. 인간이 이렇게 '깨달음'(부처의 '열반'과 같은 의미)을 얻는 과정이 인간 성숙의 세 번째 단계다. 노자에게서도 이와 같은 단계를 찾을 수 있는데, 그 상징은 조금 다르다. 그가 말하는 '길'은 정의를 추구하는 상태에서 더 이상 추구하지 않는 상태로, 죄와 윤리에서 도道로 가는 길이다. 나는 수 년, 수십 년 동안 인도인, 중국인, 그리스도인 사이에서 인생에 관한 같은 해석을 찾았고, 예상했던 핵심이 증명되었으며, 그것이 모든 곳에서 유사한 상징으로 표현되는 걸 발견했다. 이것이 나에게 가장 중요한 영적인 경험이다. 인간은 무언가를 의미한다는, 인간의 필요와 탐구는 이 지구상 그 어떤 시대에든 결국 일치를 뜻한다는 나의 믿음을 이러한 경험이 강력하게 뒷받침한다. 그러니 다른 사람들이 인간의 이성과 경험을 종교 철학적으로 표현하는 것을 낡고 시대에 뒤처졌다고 해도 상관없다. 어쨌든 내가 말하는 '신학'이란 시대와 결부된 학문이고, 인간 성숙 단계의 산물이며, 나중에 때가 되면 다른 것으로 대체되고 흘러가 버릴 것이다. 어쩌면 예술이나 언어도 인류 역사의 특정한 단계를 표현하는 도구일 뿐이라 언젠가 사라지거나 다른 것으로 바뀔 수 있다. 인간 성숙의 어느 단계에서든 진리를 추구하는 인간에게는 인종, 피부색, 언어, 문화로 사람들을 나누는 일치된 기준이 있다. 서로 다른 인간과 영은 존재하지 않으며 우리는 하나의 인류이자 하나의 영이라고 생각하는 것은 중요하고 위로가 된다.

다시 한번 짚고 넘어가자. 무죄에서 죄로, 죄에서 절망으로, 절망에서 몰락이나 혹은 구원으로 가는 길은 도덕과 문화를 뒤로하고 다시 어린 시절의 낙원으로 돌아가는 것이 아니라 도덕과 문화를 거쳐 믿음을 가지고 살 수 있는 힘으로 이어진다.

당연히 어떤 단계에서든 후퇴할 수 있다. 그러나 선과 악이 지배하는 세상에서 깨달음을 얻은 사람이 다시 순수함의 단계로 되돌아가는 일은 흔치 않다. 반대로 이미 구원받은 사람이 다시 두 번째 단계로 후퇴하거나 불안이나 절대 충족되지 않는 갈망의 손아귀에 떨어지는 일은 매우 흔하다.

나는 오랜 시간 동안 인간 성숙의 3단계, 영혼이 발달해 온 역사를 알 수 있었다. 직접 경험하기도 했고, 다른 영혼의 증언을 듣기도 했기 때문이다. 역사의 모든 시간대와 종교, 생활 방식에는 항상 같은 유형의 경험과 순서가 있다. 순수함의 상실, 법 아래에서 정의를 추구하려는 노력, 죄를 극복하려 분투했으나 쓸데없는 발버둥으로 끝났다는 절망, 마침내 지옥에서

부터 벗어나 변화한 세상, 새로운 종류의 순수함이 나타난다. 인류는 이미 여러 차례 이런 발달 과정을 특별한 상징으로 그려 냈다. 에덴동산의 아담에서 인류를 구원하는 그리스도까지가 가장 널리 알려져 있다.

여러 상징은 우리에게 더 높은 발달 단계를 보여 준다. 마하트마*로, 신으로, 물질이나 육체적인 고통과 전혀 상관없는 순수한 영혼을 가진 존재로 나아가는 단계다. 모든 종교에는 이러한 이상이 있다. 내가 생각하는 이상은 완벽한 이, 고통에서 자유로운 이, 흠 없는 이, 죽지 않는 이다. 그러나 이런 이상이 달콤한 꿈인지, 어쩌면 그것이 현실이 될지, 정말로 인간이 신이 될 수 있을지 나도 모른다. 인간의 영혼이 성숙해지는 모든 주요한 단계를 직접 경험한 사람은 그것들이 실재한다는 사실을 안다. 과연 우리가 애타게 바라는 더 높은 발달 단계가 존재할까? 그것이 꿈으로, 시로, 이상적으로 존재한다는 건 환영할 일이다. 이를 실제로 경험한 사람은 침묵했을 테고, 경험하지 못한 사람에게 이해받지 못하고, 전달할 수도 없었으리라. 모든 종교의 위대한 인물들에게서는 그런 경험을 암시적으로 찾아볼 수 있다. 어찌 보면 당연하다. 작은 종파나 이단

◆ 위대한 영혼이라는 의미의 산스크리트어. 인도에서 성자聖者를 뜻하는 말이다.

예언자들의 그릇된 가르침에서도 드러나니 말이다. 이때 그것들은 환상과 현혹이라는 옷을 입고 있다.

그런데 우리가 명확하게 깨닫지 못하는 것은 수수께끼 같은 마지막 단계나 영적인 체험뿐만이 아니다. 영적인 길은 그 길을 걷기 이전은 물론이고 첫걸음을 내딛는 것도 경험한 사람만 이해할 수 있다. 아직 첫 번째 순수함의 단계에 사는 사람은 죄의 단계나 절망의 단계, 구원의 단계를 절대 이해하지 못한다. 순수함의 단계에 있는 사람이 그다음 단계를 들어 봐야 배경지식이 없는 독자가 낯선 민족의 신화를 듣는 일만큼 무의미하다. 한편 자신이 영적인 경험을 했다면, 다른 사람의 이야기를 들었을 때 자신이 했던 경험을 떠올리며 공감할 수 있다. 경험하지 못한 다른 나라의 신학을 번역할 때도 마찬가지다. 실제로 무언가를 경험한 그리스도인은 바오로, 파스칼, 루터, 이냐시오를 통해서 그 경험을 다시 할 수 있다. 믿음에 조금 더 가까워져서 '그리스도교'적 체험을 한 사람은 다른 종교의 신자들을 보거나 상징적인 그림을 보거나 영적인 경험을 들었을 때에도 자신이 했던 경험을 떠올릴 수 있다는 말이다.

그리스도인으로서 시작된 영적인 삶의 역사를 설명하고 거기서부터 나의 믿음을 체계적으로 발전시키기란 불가능한 일이다. 내가 쓴 모든 책을 보면 실마리를 찾을 수 있을 것이고,

몇몇은 그 책들에서 특별한 의미와 가치를 알아볼 것이다. 그 책에서 자신의 중요한 경험, 그리고 승리와 패배를 분명히 확인할 테다. 그런 독자는 많지 않을 것이다. 애초에 영적인 경험을 하는 사람 자체가 많지 않다. 대다수는 완전한 인간이 되지 못한다. 그들은 원시적인 상태 그대로 남으며 아직 미숙하므로 갈등이나 발달 단계에 이르지 못한다. 어쩌면 '두 번째 단계'도 알지 못한 채 아무런 책임도 지지 않고 동물처럼 살아도 되는 세상에서 자신의 본능과 어린 시절의 환상만을 좇을지도 모른다. 그들이 속한 어둠의 저편이 어떤 상태인지, 그러니까 선과 악의 세상, 선과 악으로 인한 절망이 존재하는 세상, 고통에서 은총의 빛으로 가는 세상에 관한 이야기는 그들에게 터무니없는 것일 뿐이다.

사람들이 오랜 시간에 걸쳐 영적인 경험을 하고 개별적인 영성을 이루는 방법은 수천 가지다. 그러나 그 역사의 길과 순서는 동일하다. 이런 무조건적이고 불변하는 길을 어떻게 그토록 다양한 방식으로 많은 사람들이 경험하고, 쟁취하고, 견디는지 관찰하는 일이야말로 역사학자와 심리학자와 시인들에게 가장 보람 있는 일일 테다.

옛날부터 사람들은 인류를 종에 따라 분류하고 정렬하려 했는데, 가장 먼저 한 것이 앞서 언급한 다양한 방식을 합리적으로 파악하고 이해하고 체계적으로 구분하는 일이다. 만약 내가 나만의 방식으로, 나의 경험에서 우러난 방식으로 인간의 두 가지 서로 대립하는 기본형을 제시하고 불변하는 인류의 길을 체험할 근본적으로 다른 두 가지 방법을 알리기 위해 노력한다고 해 보자. 그렇다면 나는 인간의 기본형을 매번 제시하는 것이 일종의 놀이임을 안다고 볼 수 있다. 인간을 분류할 때 얼마나 많이 분류해야 하는지 정해져 있지 않지만 무한하지도 않다. 철학자들에게 특정한 유형을 완고하게, 그것이 마치 진리인 듯 믿는 것보다 더 자신을 옥죄는 것은 없다. 그러나 항상 그래 왔지만 사람들이 유형을 분류하는 행위는 무의식적인 놀이, 부족한 경험을 극복하려는 노력, 우리의 세상 경험을 정렬하는 불완전한 수단이다.

예를 들어 보자. 어린아이는 시야에 들어오는 모든 이를 유형에 따라 아버지, 어머니, 유모 등으로 구분한다. 나는 직접적인 경험과 배운 것에 따라 인간을 두 가지 유형으로 나눈다. 하나는 현실적인 인간이고 다른 하나는 종교적인 인간이다. 나는 온 세상이 오로지 이 두 가지 대충 구분한 도식에 따라 나뉜다고 생각한다. 물론 이 보조 수단은 세상을 아주 잠시만 나눌 뿐이다. 세상은 곧 파악할 수 없는 수수께끼로 돌아간다. 그런데 수수께끼처럼 보였던 세상이 한순간 질서정연한 곳인 듯 위장하여 우리를 속이는 순간이 있다. 그런 순간에 우리는 잠시나마 행복해진다. 나는 우리에게 그런 짧은 순간의 질서보다, 아주 작은 행복보다 세상일의 혼돈을 이해하고 들여다볼 능력이 있다는 믿음을 오래전에 잃었다.

앞서 언급한 것처럼 잠시나마 세상이 질서정연한 곳으로 보이는 행복한 순간에 '현실적인 인간과 종교적인 인간'을 구분하는 분류법을 세계 역사에 적용하면 인류는 오로지 그 두 가지 유형으로 나뉜다. 나는 모든 역사적 인물이 어떤 유형에 속하는지 안다. 나 자신도 말이다. 나는 종교적인 인간이다. 하지만 한순간 내 생각이 뒤흔들리는 경험을 하고 나면, 잘 분리되고 정돈되어 있던 세상이 무너져 다시 의미 없는 혼란이 된다. 그리고 내가 명확하게 안다고 믿었던 것, 부처나 바오로나 카이사르나 레닌이 내 기준에 따른 유형 중 어떤 유형에 속하는지 더 이상 구분하지 못하게 된다. 게다가 안타깝게도 나 자신에 관해서도 더 이상 알지 못하게 된다. 내가 종교적인 인간이라는 사실도 간신히 기억할 뿐이다. 그다음부터 나의 현실적인 측면을, 특히 싫어하는 측면을 차근차근 발견한다.

모든 지식도 이와 같다. 지식은 행동이다. 지식은 경험이다. 오래 가지 않는다. 그 지속 기간은 잠시다. 이제부터 모든 분류법을 차치하고 두 가지 인간 유형을 이런저런 생각을 거쳐 깨달은 대로 대략적으로 설명하고자 한다.

현실적인 인간은 인간의 이성만을 신뢰한다. 그런 사람들은 이성을 단순히 인간에게 주어진 뛰어난 재능이 아니라 절대적이고 가장 높은 가치로 여긴다.

현실적인 인간은 세상과 삶의 '의미'를 내면에 품고 있다고 믿는다. 이성적인 개인의 삶이 목적에 부합하는 모습을 이 세상과 역사에 투사한다.

현실적인 인간은 진보를 믿는다. 오늘날 사람들이 옛날 사람들에 비해 총을 더 잘 쏘고 더 빨리 여행할 수 있다고 본다. 그래서 이러한 진보의 맞은편에 수천 가지 퇴행이 있다는 사실을 직시하려 하지 않으며 그래서도 안 된다고 생각한다.

현실적인 인간은 공자, 소크라테스, 예수보다 사람들이 더 발전했고 수준 높다고 생각한다. 현대인은 더 많은 지식과 기술적인 능력을 가졌기 때문이다.

현실적인 인간은 지구가 인간에게 착취당하기 위해 탄생했다고 생각한다. 그에게 가장 두려운 적은 죽음, 즉 자신의 삶과 행위가 유한하며 언젠가 사라진다는 생각이다. 그래서 현실적인 인간은 죽음을 떠올리려 하지 않는다. 죽음에 관한 생각을 도무지 떨쳐 버릴 수 없을 때면 두 배로 노력하여 재물이나 지식을 손에 넣고 법을 지배하여 결국 이 세상을 거머쥐려고 한다. 이런 이들에게 불멸에 대한 믿음은 진보에 대한 믿음과 같다. 그는 자신이 영원한 진보의 사슬을 구성하는 부품이니 이 세상에서 완전히 사라지지 않으리라 믿는다.

현실적인 인간은 종교적인 인간을 싫어하는 경향이 있다. 종교적인 인간이 자신처럼 진보를 믿지 않고 합리적인 이상을 실현하는 데 방해가 되기 때문이다. 혁명가들의 광신이나 모든 진보한 민주주의적이고 이성적이며 사회주의적인 작가들이 자신과 다른 사상을 가진 사람들을 가리켜 이야기할 때 사용하는 격렬하고 거칠며 가감 없는 표현을 떠올려 보라.

현실적인 인간은 종교적인 인간보다 자신의 믿음을 실천하는 삶에 더욱 확고한 자신감을 보인다. 그는 이성이라는 신의 이름 아래 명령을 내리고 계획하고 주변인들을 억압하는 행동을 정당화한다. 그러면서 자신이 주변 사람들을 위해 공중 보건이든 도덕이든 민주주의든 모든 측면에서 좋은 일을 한다고 생각한다.

현실적인 인간은 권력을 추구한다. '선의'를 위해 권력이 꼭 필요하다고 생각한다. 현실적인 인간의 가장 위험한 측면이다. 권력을 추구하고, 그것을 잘못 사용하고, 오로지 명령만을 내려 공포 정치를 하는 것이다. 트로츠키◆는 농부들이 얻어맞는 꼴을 두고 볼 수 없다고 생각했으나 그 생각 때문에 오히려 수백, 수천 명이 양심의 가책도 느끼지 않는 이들에게 학살당했다.

현실적인 인간은 힘의 관계가 분명한 것을 좋아한다. 권력을 추구하고 손에 넣은 뒤 종교적인 인간을 경계할 뿐만 아니라 끝까지 추적하고 법정에 세우고 죽이기도 한다. 그들은 '선의'를 위해 그 힘을 사용할 책임이 있다고 믿고, 심지어 무력을 포함해 모든 수단을 사용하는 일이 정당하다고 믿는다.

현실적인 인간은 자연과 그가 '어리석다'고 여기는 대상이 계속 굳건히 버티는 모습을 보면 낙담한다. 그렇지만 가끔은 다른 사람을 억압하고 벌주고 죽여야만 했던 사실에 괴로워한다.

현실적인 인간은 모순이 있음에도 불구하고 근본적으로 이성이 이 세상을 만들었고 지배하는 정신과 하나라는 믿음을 마음 깊이 강하게 느낄 때를 최고의 순간이라고 여긴다.

현실적인 인간은 이 세상을 합리화하고 자신의 힘을 과시한다. 항상 지독할 정도로 열정적이고 교육에도 열을 올린다.

◆ 러시아의 혁명가. 러시아 혁명(10월 혁명)의 주역이었으나 추후 암살당했다.

현실적인 인간은 늘 자신의 본능을 의심한다.

현실적인 인간은 자연과 예술을 불확실하다고 생각한다. 때로는 경멸하듯 내려다보고, 어떨 때는 미신에 사로잡힌 듯 과대평가한다. 고전 예술 작품에 큰 돈을 지불하는 이도, 새나 육식 동물 보존 시설을 만드는 이도, 원주민 보호 거주지를 만드는 이도 현실적인 인간이다.

한편 종교적인 인간이 믿음을 품고 삶의 기쁨을 느끼는 근본은 경외심이다. 여기서 말하는 경외심은 다음과 같은 특징에서 드러난다. 하나는 자연에 대한 깊은 감수성이고 다른 하나는 이성의 범주를 뛰어넘은 세상의 질서에 대한 믿음이다. 종교적인 인간은 이성이 뛰어나다고 생각하지만, 그것이 깨달음이나 구원으로 향하는 길로 가는 데 충분하다고 보지 않는다.

종교적인 인간은 인간이 지구에 딸린 부수적인 존재라고 생각한다. 죽음이나 유한함이 두려울 때면 종교적인 인간은 이 두려움을 창조자가(혹은 자연이) 목적에 맞게 사용하고 있다는 믿음으로 도망친다. 그는 죽음이라는 생각을 잊거나 그것과 싸우는 데 덕이 있다고 생각하지 않는다. 오히려 무서워하면서도 경외심을 품고 받아들이는 데 더 깊은 의미가 있다고 본다.

진보는 믿지 않는다. 종교적인 인간에게 모범이 되는 대상은 자연이지 이성이 아니기 때문이다. 그가 자연에서 발견하는 것은 찬란한 생명과 인간이 인식하지 못할 정도로 무한하게 뻗어 나가는 힘, 실현되는 힘이다.

종교적인 인간은 현실적인 인간을 싫어하고 질투하는 경향이 있다. 성경에 믿음 없는 사람들과 그들의 비종교적인 이상에 관한 터무니없는 예시와 질투가 가득하기 때문이다. 그들에게 흔치 않게 찾아오는 행복한 순간은 번개를 맞은 듯한 영적인 경험을 할 때다. 그 경험을 하고 나면 종교적인 인간도 현실적인 인간의 모든 광신과 미개함, 그들이 벌인 전쟁, 모든 박해와 압제 또한 나름대로 신의 뜻을 따르는 일이라 생각하게 된다.

종교적인 인간은 권력을 추구하지 않는다. 오히려 타인을 강제하기 두려워 뒤로 물러난다. 그는 명령하기를 선호하지 않는다. 그것이 종교적인 인간의 가장 위대한 덕이다. 그렇지만 정말로 추구해야 하는 일에도 미온적인 태도를 보이고, '정적주의'를 따르거나 '배꼽 바라보기'◆를 할 때가 있다. 자신의

◆ 배꼽 명상이라고도 한다. 자기 응시Navel gazing라는 의미로 나라가 망해 가는데 자신의 내면에만 집착하던 사람들을 비난하는 말이다.

이상을 실현하려고 노력하기보다는 가슴에 품는 것만으로 만족할 때가 많다. 신(혹은 자연)은 사람보다 강하기에, 종교적인 인간은 그것을 손에 쥐려 하지 않는다.

종교적인 인간은 신화와 쉽게 사랑에 빠진다. 누군가를 경멸할 수 있지만, 그 사람을 박해하거나 죽이지는 않는다. 소크라테스나 예수는 억압하거나 죽이는 자가 아니라 항상 고통받는 이였다.

종교적인 인간은 가벼운 마음으로 상당한 책임을 감수한다. 좋은 생각을 직접 실천하는 데 미온적인 태도를 보이고, 자신의 몰락에 책임을 질 뿐만 아니라 심지어는 적이 그를 살해하여 죄를 지어도 책임을 진다. 자신이 피해자인데도 말이다.

종교적인 인간은 이 세상을 신화화하지만 진지하게 받아들이는 경우는 많지 않다.

종교적인 인간은 항상 재미를 추구한다.

종교적인 인간은 자식을 교육해야 할 대상이 아니라 축복받은 이로 보고 그렇게 대한다.

종교적인 인간은 늘 자신의 이해력을 의심하는 경향이 있다.

종교적인 인간은 자연과 예술 곁에서 항상 집에 있는 듯한 편안함과 안전함을 느낀다. 반면 교육과 지식에 관해서는 확신하지 못한다. 때로는 교육과 지식을 어리석다며 무시하고 틀렸다고 말하지만, 과대평가할 때도 있다.

두 가지 유형이 충돌하는 최악의 경우가 있다. 만약 종교적인 인간이 이성이라는 기계에 빨려 들어가거나 본의 아니게 재판이나 전쟁에 휩쓸려 현실적인 인간의 명령을 듣고 그로 인해 죽으면, 이런 경우에는 두 유형 모두에게 죄가 있다. 현실적인 인간은 사형, 감옥, 전쟁, 총포가 존재한다는 데 죄가 있다. 종교적인 인간은 그 모든 것을 가능하게 만들었다는 데 죄가 있다. 역사 속의 재판을 보면 종교적인 인간이 현실적인 인간에게 살해당한 구체적이고 상징적인 예시를 찾을 수 있다. 하나는 소크라테스에 대한 재판이고, 다른 하나는 예수에 대한 재판이다. 이 두 가지 재판 모두 소름 끼치는 순간을 보여 준다. 두 가지 의미로 해석할 수 있는 순간이다. 아테네인과 빌라도는 자신들의 위신에 손상을 입지 않고 피고를 그 상황에서 풀어 줄 방법을 찾을 수 없었을까? 소크라테스와 예수는 영웅 행세를 하는 흉포한 적에게 죄를 짓도록 만들고 결국 죽었다. 그럼 그들보다 뛰어나다는 승리감에 도취되는 방법은 그것밖에 없었을까? 더 쉽게 비극을 피할 방법은 없었을까? 물론 있었을 테다. 하지만 비극은 절대 예방할 수 없다. 불행한 사건이 아니라 양극에 있는 세계의 충돌이기 때문이다.

지금까지 '종교적인 인간'과 '현실적인 인간'은 반대되는 인물이라고 언급했으니 두 유형의 심리학적인 의미를 늘 의식할 것이다. '종교적인 인간'이 주로 검을 휘두르고, '현실적인 인간'이 피를 흘리는 인물로 그려지는 경우가 있다(예를 들어 종교 재판 같은 것에서 말이다). 그러나 내가 생각하는 종교적인 인간은 성직자만 있는 것이 아니고, 현실적인 인간은 고찰하는 데서 기쁨을 느끼는 사상가만 있는 것이 아니다. 스페인의 종교 재판에서 '자유사상가'가 불탔다면, 그때의 재판관은 현실적인 인간이자 고위 권력자였을 테고, 피해자는 종교적인 인간이었을 것이다.

내가 유형을 나누는 기준이 다소 억지스럽기는 하지만, 종교적인 인간은 유능하지 않고 현실적인 인간은 독창성이 없다고 말할 의도는 없다. 어느 쪽에서든 천재가 나올 수 있고, 관념론과 영웅주의, 희생정신이 탄생할 수 있다. '현실적인 인간'에 속하는 헤겔이나 마르크스, 레닌, 트로츠키 등을 나는 천재라고 생각한다. 한편 톨스토이 같은 종교적인 인간이자 비폭력적인 인물은 '생각을 행동으로 실현하는 일'의 가장 큰 희생자였다.

어쨌든 독창적인 천재들은 자신의 유형을 성공적인 본보기로 소개하면서도 반대되는 유형에 대한 존경심을 은밀하게 품는다. 오로지 실리만을 추구하고 타산을 따지는 사람은 천재가 아니다. 분위기에 영향을 받는 사람도 마찬가지다. 많은 이들이 두 가지 유형 사이를 오가며 근본적으로 다른 재능을 손에 넣는다. 그렇게 갖춘 재능은 숨통을 막는 게 아니라 서로를 지지하고 더 강하게 만든다. 그 수많은 예시에 속하는 사람이 바로 독실한 수학자들이다(예를 들어 파스칼이 있다).

종교적인 천재와 현실적인 천재가 서로 흠모하고 마음이 끌리듯이, 인간이 할 수 있는 가장 높은 수준의 영적인 경험은 이성과 경외심 사이에서 줄타기를 하고 가장 모순되는 존재가 결국 하나라는 사실을 깨닫는 것이다.

결론

마지막으로 인간 성숙의 3단계와 인간의 두 가지 근본 유형을 섞어 보자. 그러면 두 가지 유형의 사람들에게 세 가지 단계의 의미가 동일하다는 사실을 알게 된다. 또 우리는 두 가지 유형의 사람들이 느끼는 위험과 희망이 다르다는 사실도 알게 된다. 자연스럽게 갖고 태어난 순수함은 두 유형에서 동일하게 나타난다. 그러나 인간 성숙의 두 번째 단계, 선과 악의 세상에 첫발을 내딛는 순간 두 유형의 모습이 달라진다. 종교적인 인간은 더 어린아이처럼 변한다. 그는 참을성이 줄고 반항심이 커진 상태로 낙원을 떠나 죄를 짓는다는 게 무엇인지 경험한다. 그러나 그 이후 죄에서 은총으로 가는 길에서 보상으로 더 강한 날개를 얻는다.

종교적인 인간은 두 번째 단계를(프로이트는 이를 '문명 속의 불만'이라고 불렀다) 가능한 돌이켜 보지 않고 되도록 멀어지려고 한다. 죄와 불만이 가득한 세상에서 자신이 낯선 존재가 되었다는 느낌을 받으며 그다음 구원의 단계로 가뿐하게 도약한다. 때로는 천국으로 다시 도주하는 미숙한 행동, 선과 악이 없어 책임도 없는 세상으로 간다는 것이 훨씬 더 가깝고 성공적이라 느껴질 것이다.

한편 현실적인 인간에게 두 번째 단계인 죄의 단계, 문화의 단계, 활력과 문명의 단계는 진정한 고향이다. 그에게 어린 시절의 여운은 그다지 성가시지도, 오래 이어지지도 않는다. 그는 행동하기를 좋아하고 책임지기를 마다하지 않으며, 잃어버린 어린 시절을 그리워하거나 선과 악에서 자유로워지기를 격렬하게 갈망하지 않는다. 그러한 경험을 원할 수도, 손에 넣을 수도 있지만 말이다. 현실적인 인간은 모든 것이 도덕과 문화가 제시하는 과제에 따라 완성될 수 있다는 믿음에 종교적인 인간보다 쉽게 굴복한다. 절망이라는 중간 단계, 즉 노력이 산산조각 나고 자신의 정의가 무가치한 것으로 전락하는 단계에는 종교적인 인간보다 어렵게 도달한다. 절망을 느낄 때 현실적인 인간은 종교적인 인간보다 무책임함이라는 태곳적 세상으로 도피할 유혹에 굴복하기가 더 어려울지도 모른다.

첫 번째, 순수함 단계에서 종교적인 인간과 현실적인 인간은 기질이 다른 어린아이들이 서로 다투듯이 싸운다.

두 번째, 절망 단계에서는 의식을 갖춘 양극이 폭력, 열정, 국가적 사건의 비극과 싸운다.

세 번째, 구원 단계에서는 싸우는 사람들이 서로를 더 이상 낯선 사람이 아니라 서로 의존하는 상대로 인식하기 시작한다. 그들은 서로를 사랑하고 그리워하기 시작한다. 여기서부터 인간이 성숙해지는 길이 열린다. 다만 지금까지 어느 누구도 그 모습이 실현된 것을 목격한 이가 없다.

자
의
식

영이란 신성하고 영원한 것
영의 형상이자 도구인 우리의 길은
그에게로 이어지며
가장 깊은 갈망은
그처럼 되고, 그의 빛 안에서 걷는 것이다.

우리는 언젠가 흙이 되고 죽을 운명이니
덧없는 피조물에게 게으름은 무거운 짐이다.
자연은 어머니처럼 따뜻하고 단단하게 안아 주고
땅은 젖을 먹이고
요람과 무덤은 잠자리가 됨으로써

우리를 꾀어 꽃 아래에 머물게 하지만
자연은 우리를 충족시키지 못하니
자연이 주는 어머니와 같은 마법을 꿰뚫는 것은
섬광과 같은 충고가 담긴 아버지의 불멸하는 영이며
그것은 아이를 어른으로 만들고
순수함을 없애고 투쟁과 의식의 길로 이끈다.

그렇게 어머니와 아버지 사이에서
그렇게 육체와 영혼 사이에서
나약하기 그지없는 창조의 아이는 주저하고
벌벌 떠는 인간의 영혼은 고통에 빠짐에도
다른 존재와는 달리 최고의 것을 지니고 있으니
바로 믿음과 희망을 품은 사랑이다.

인간의 길은 몹시 힘겹고 죄와 죽음은 그의 식량이라
그는 때로 어둠 속을 헤매거나,
때로는 창조되지 않는 편이 더 나았으리라.
그러나 그의 위로 사명인
빛과 영이 영원히 비춘다.
그리하여 그 위태로운 이를

영원이 특별히 사랑함을 느낀다.
그런 까닭에 방황하는 형제들은
모든 불일치 속에서도 사랑이 가능하니
심판이나 증오가 아닌
끊임없는 사랑이
참고 견디는 사랑이
우리를 거룩한 곳으로 더 가까이로 이끈다.

시 〈자의식〉에 관한 편지에서 발췌

❈ 1933년 12월

이 시는 '계몽'하고자 하는 시가 아니며 어느 특정한 순간이나 불합리성을 의미하지도 않습니다. 제가 쓴 다른 많은 시가 그러했듯이 그냥 잠이 오지 않던 어떤 밤에 탄생한 시입니다. 제가 잘하는 일이야 글쓰기뿐이니, 엄격하면서도 절제하는 마음으로 제 믿음을 글로 나타내고자 시도한 결과물이지요. 솔직히 털어놓자면 이 시가 저의 모든 믿음(참된 종교인 그리스도교의 테두리 안으로 한 걸음 더 들어간)을 포함하지는 않습니다. 다만 제 믿음의 토대, 무엇보다도 영이 중요하다는 고백과 창조자와 피조물의 차이를 담고 있을 뿐이지요. 이 시에서 말하는

'영'이란 신성한 것이 아니라 신 그 자체입니다. 이때 신이란 범신론적인 의미의 신이 아닙니다.

1934년 8월

당신은 저의 시 〈자의식〉을 마음대로 비웃을 수 있습니다. 하지만 어떻게 이 시를 사람들을 책임에서 벗어나게 하려는 시도로 받아들이신 건지 이해할 수 없군요. 어쩌면 영이라는 말을 지능이나 그 비슷한 개념으로 이해하셨는지도 모르겠습니다. 저는, 제 시는, 영을 '신성'하고 '영원한 것'으로 봅니다. 이 시에 담긴 영이라는 말은 3,000년 전부터 모든 영적인 세계관이 이해한 바대로 신의 본질을 뜻합니다. 그것은 신적이기는 하나 신은 아닙니다. 신으로 받아들이는 종교가 있기는 하지만 말입니다. 인간의 존재가 비극적이지만 신성하다는 사실이 그렇게 믿는 사람을 책임에서 자유롭게 하지는 못합니다. 또 어떤 때는 강한 믿음을 보이고, 어떤 때는 그렇지 않다고 해서 저의 믿음이 제가 쓴 다른 작품과 모순된다는 말을 들어야 하는 이유를 모르겠습니다. 자신의 믿음을 매일, 매 순간 동일한 정도로 진실하고 강하게 유지할 수 있는 사람은 없습니다. 물론 살다 보면 적절한 때에 굳건한 믿음을 명확히 표현할 수 있을 테지요. 인간의 영혼과 영혼의 사명에 대한 믿음은 육체적인 삶의 슬픔과 절망을 배제할 수 없습니다(이것이 '위기'라 할 수 있습니다). 오늘날 이런 개념들이 뒤죽박죽되지 않고 매일의 실천이 이런 혼란에서 끔찍하고 치명적인 결과를 내지 않았더라면 저는 다른 시에서와 같이 저의 믿음을 그대로 표현할 충동을 느끼지 않았을 테지요.

※ 1935년 2월

한평생 저에게 맞는 종교를 찾아 헤맸습니다. 독실한 집안에서 자랐지만, 신과 신앙을 받아들일 수 없었기 때문입니다. 젊은이들에게는 그들의 능력과 천성에 따라 더 쉽거나 더 어려울 수 있는 일이지요. 저는 우선 완전한 자신을 찾아야 했습니다. 무엇보다도 나 자신을 찾고 나에게 주어진 한도 내에서 인격을 형성해야 한다는 뜻이지요. 이에 관해서는 《데미안》에 서술한 바 있습니다.

나중에는 몇 년 동안 인도의 신에 관한 이야기를 특히 좋아했고, 그다음에는 점차 중국의 고전을 알았습니다. 어렸을 때부터 배우고 자란 믿음과 더 친숙해지기 시작했을 때는 이미 나이가 많이 들었을 때였지요. 이때 고전적인 가톨릭 신앙이 중요한 역할을 했지만 개신교 형태의 그리스도교 신앙도 새로이 배워야겠다는 생각이 들었습니다. 주변 사람들이 저에게 유대인 문학을 권하기도 했습니다. 특히 하시디즘 책들과 부버의 《신의 왕국*Königtum Gottes*》 같은 새로운 유대교 관련 작품을 읽어 보라고 하더군요. 저는 어떤 특정한 단체나 교회에 속했던 적은 없지만 지금은 자신을 그리스도인에 가깝다 여깁니다. 제가 최대한 정확하게 현재의 '나의 믿음'을 표현하려고 시도한 신앙 고백이 바로 〈자의식〉이라는 시입니다.

※ 1935년 3월

저는 1933년 12월에 이 시(〈자의식〉)에서 저 자신과, 제 믿음의 근본을 가능한 명확하게 나타내고자 했습니다. 당신은 제 의도와 달리 이 시를 글자 그대로 받아들이지 않은 모양이군요. 저는 이 시에서 영을 '아버지 같은' 것으로 그렸는데, 당신은 '어머니 같은' 것으로 읽었나 봅니다.

이 시의 토대는 변화라고 예상하셨겠지요. 맞습니다. 제 '자의식'은 태생부터 함께한 그리스도교에서 시작되었습니다. 그러나 저의 기원에 관한 성찰을 명확하게 표현해야 했습니다.

'생물중심주의'◆나 '로고스중심주의'◆◆를 두고 논쟁이 벌어졌기 때문입니다. 참고로 저는 두말할 것도 없이 '로고스중심주의' 쪽이었습니다. 제가 믿음을 고백한 것이 위험하다고 보시는군요. 비그리스도인이 갑자기 나타나 당신이 신학과 '교회'의 영역이라고 여기는 분야에 발을 들이고 교회만의 전문 용어를 사용했다고 생각하시겠지요. 보내 주신 편지를 보면 그 영역에 존재할 수 있는 건 오로지 그리스도인뿐이니까요. 영에 대한 신앙 고백은 그리스도교 이전부터, 그리고 그리스도교 이후에도 계속 존재했습니다.

어릴 때부터 저는 당신이 말하는 '교회'를 그리워했습니다. 지금은 그때보다 더 부족하지요. 가톨릭 이외에도 '교회'가 존재하는지에 관해 우리 생각이 다른 것 같습니다. 저는 많은 지방 교회와 공동체에서 다양한 형태의 믿음과 그리스도교 신앙을 보았습니다. 만약 제가 교회 없이 살 수 없는 사람이 된다면, 소중하다고 인정하고 존경하여 저를 맡길 곳은 로마 가톨릭 교회뿐입니다. 다시 그리스도인이 되려 하지만 가톨릭 교회에 저 자신을 맡길 일은 없어 보이네요. 아무리 매력적이라

◆ 인간의 권리가 다른 생물들의 권리보다 우선하는 것이 아니라는 생각이다.
◆◆ 자크 데리다가 처음 사용한 말로, 서양 형이상학이 로고스를 중심으로 전개되었다는 뜻이다. 이때 로고스는 원래 의미인 음성 외에도 언어, 논리, 이성, 합리성을 뜻한다.

해도 개종하면 안 된다는 생각이 드는 걸 보니 어쩔 수 없는 개신교 신자인가 봅니다.

당신이 편지에 쓴, 개신교 교회와 교파에 공통된 권위적인 신학이 존재한다는 내용은 지금까지 몰랐습니다. 저는 어릴 때 개혁 교회(장로교)와 칼뱅교 신자, 루터교 신자를 알고 지냈고 제가 견진을 받은 뷔르템베르크의 지역 교회는 루터교와 개혁 교회가 반씩 섞인 곳이었습니다. 게다가 경건주의자들, 헤른후트 공동체 일원들과 친하게 지냈습니다. 그 어떤 곳에서도 실질적으로 모든 개신교 신자들을 보호할 지붕이 되고 그들에게 교리를 주는 데 성공한 교회에 관한 이야기는 오가지 않았지요. 물론 아르놀트의 이교도 역사◆에 등장하듯이 교회는 최고의 이상으로 존재하는 곳입니다. 그러나 당신이 현실이라 말하는 이런 교회와 신학이 권위를 갖고 실존하는 모습을 저는 본 적이 없습니다.

제 시에 담긴 신앙 고백이 너무 경솔하게 확대되지 않도록 경계해야겠습니다. 그래야 저를 완전한 그리스도인으로 만드는 길 위에 계속 머무를 수 있겠지요.

◆ 신학자 고트프리트 아르놀트의 《교회와 이교도에 관한 공정한 역사 *Unpartheyische Kirchen- und Ketzer-Historie*》를 말한다.

※ 1935년

친애하는 목사님.

솔직히 말씀드리자면 엄정하고 위압적으로 물으신 질문에 답변하기는 매우 어렵습니다. 목사님이 편지를 보낸 사람은 지금까지 자신이 그리스도인이 아니라 여겼지만 지금은 그리스도교에 관심을 가지는 일개 작가입니다. 목사님은 성직자이자 신학자로서 걱정이 되셨는지, 사적인 그리스도교 신앙이란 존재하지 않으며 그것은 오로지 '교회'라는 공간에만 존재한다고 저에게 충고하셨죠.

목사님이 진정으로 권위 있는 교회, 그러니까 로마 가톨릭 교회의 대리인이셨다면 제가 그 말씀을 별다른 어려움 없이 이해할 수 있었겠지요. 그러나 이 점을 말씀드려야겠습니다. 그런 협박 같은 충고 때문에 곤혹스러웠습니다. 먼저 그리스도교에 감화된 세속의 인간을 본 신학자가 대뜸 야단치듯이 그 사람에게 자신의 믿음을 더 정확하게 표현해야 하며 사제의 가르침을 따라야 한다고 충고하는 모습입니다. 상대방이 원하지도 않는데 그의 믿음에 간섭하다니, 아직 어린 식물을 장화의 굽으로 밟아 죽이는 일이나 다름없지요. 또 '교회'가 없으면 그리스도교 신앙도 없다 하셨는데, 그렇다면 이렇게 여쭙고 싶습니다. 대체 그 교회란 무슨 교회입니까? 프로

이센의 교회인가요? 루터교의 교회인가요? '고백 교회'◆인가요? 제가 아는 한, 이런 교회는 처음에 비공식적인 형태로, 규율이나 교리 따위는 하나도 없는 상태로 만들어졌습니다. 그러니 믿음을 따질 때 규율이나 교리는 가장 마지막에 고려해야 하겠지요.

보내 주신 편지를 읽고 진심으로 한 말임을 잘 알았습니다. 하지만 그 편지는 제가 훨씬 존경스럽고 자비로운 재판관인 신의 판단에 맡기고자 하는 부분까지 침투하더군요. 제 '영혼의 유래'를 목사님이 어떻게 이해하시는지는 모르겠습니다. 어쩌면 제가 인도 종교와 역사에 심취했던 과거를 말씀하시는지도 모르겠군요. 그렇지만 저는 독실한 그리스도교 집안에서 태어나 자랐습니다. 그때 느낀 그리스도교 신앙(경건주의적 개신교)이 젊은 시절의 저를 자극하여 반대편으로 이끌었다면, 저만의 기준을 형성하는 데 도움이 되었다고 볼 수 있겠습니다.

그다음 몇 년은 인도가 저를 상당 부분 지배하게 되었습니다. 저는 우파니샤드 사상을 통해 인도가 가장 번성했다고 봅니다. 그다음에는 점차 중국에 빠져들었습니다. 최근 몇 년 전부터는 부모님과 외할아버지의 신앙이 다시 제 마음을 끌기

◆ 교회의 나치화 및 교회에 국가가 간섭하는 것을 반대한 독일의 개신교 교회다.

시작했습니다. 그러다 보니 이토록 매력적인 부모님의 독실함이 왜 어릴 때 제 관심을 붙잡지 못했는지 의문이 들더군요. 지금은 천천히, 한 자 한 자 더듬어 가며 변화하는 저의 믿음의 윤곽을 그려 보려고 합니다. 목사님이 비판하신 그 시가 결과물입니다. 저는 그 시에서 영을 아버지 같은 것이라 표현했는데, 목사님은 저에게 영이 어머니 같은 것이어야 한다고 말씀하셨지요. 그렇다면 이렇게 말씀드릴 수밖에 없습니다. 저는 여태까지 시를 쓰는 일 말고 저의 믿음을 표현할 다른 방법을 찾지 못했습니다. 목사님이 저를 신학이라는 이름으로, 교회라는 이름으로 비판하셨음에도 저는 제 믿음에 저를 맡길 것입니다. 말씀하시는 '교회'가 저에게는 없지만, 제 곁에는 교회를 대표하는 여러 사람들이 있습니다. 저는 J. A. 벵겔*이나 외팅거**, 그 외의 많은 사람들을 마음 깊이 존경합니다.

그 시에 아버지의 믿음으로 돌아간 것에 어떤 이름을 붙일지 언급한 것은 여태까지 단 한 차례뿐입니다. 그런 시도를 한 이유는 싸움이 한창인 오늘날 '형제들'에게 도움의 손길이 필요했기 때문입니다. 이 편지를 받으시면 형제들의 이름으로

---

* 요한 알브레히트 벵겔. 경건주의 신학자다.
** 프리드리히 크리스토프 외팅거. 경건주의 신학자다.

제 정당성을 입증하고 교리를 보이라고 요구하는 답장을 쓰시겠지요.

존경하는 목사님, 만약 말씀하시는 '교회'가 정말로 존재했다면, 독일의 개신교가 '교회'를 짓는 데 성공하고 전 세계에 통용되는 교리를 가르쳤다면, 저는 망설이지 않고 받아들였을 것입니다. 그러나 지금, 저에게는 그리 신성하지 않은 교회가 박해에 직면한 모습에 마음이 따뜻해진 이 순간에는 그럴 수 없습니다.

실망시켜 드린 것 같습니다만, 당부할 일이 있습니다. 더 이상 쓸모없는 논쟁에 힘을 빼지 마십시오. 제가 목사님의 권위에 따라 그리스도인이 될지는 저도 모릅니다. 아마 저에게 '교회'는 앞으로도 아르놀트의 '교회와 이교도에 관한 공정한 역사' 속의 교회로 남을 테지요. 가능성이 있는 것, 어쩌면 한때 존재했던 것, 아마 다시 도달할 수 있는 것으로 말입니다.

제3장

내가 말하는 믿음

편지 및 고찰 모음, 1910~1961년

1.

⊛ 1910년, 아버지에게 쓴 편지

저는 자연 과학, 사고의 법칙, 논리, 정의가 이 세상의 자연과 역사를 결정해야 한다고는 생각하지 않습니다. 다만 종교 분야에서는 예외입니다. 종교에서는 반드시 필요하기 때문입니다. 제 삶에는 비종교적인 순간이 수없이 많았지만 그럼에도 종교적으로 굳은 믿음을 가진 사람을 존경할 수 있었던 이유는 진정한 믿음이 무엇인지 어릴 때부터 봤기 때문이지요. 이 세상 모든 사람들이 그런 믿음을 가진다면 저만큼 두 팔 들고 환영할 사람은 없을 겁니다. 그러나 해가 갈수록 그러한 사람들이 얼마나 보기 드문지 두 눈으로 확인합니다. 참되고 순수하고 헌신적인 믿음은 모든 숭고한 종교에서 찾을 수 있지만, 한편으로 가까이에서 우리를 지배하는 공식적인 그리스도교와 거기서 변화된 종교는 저에게 반문화적으로 보입니다. 제가 조용한 협력자로서 교회의 의견과 다른 부분이 있지만, 믿음에 반하지 않는 선에서 문화 사업에 참여하는 이유입니다.◆ 물론 문화 사업에 참여하는 일만으로 종교에 대한 욕구가 충족되지는 않는다고 생각합니다. 그래서 성경과 전설, 코란에서 천국으로 가는 문을 엿봅니다.

2.

❀ 1914년

서양이 이성과 기술이라는 숨을 쉬듯이 동양은 종교라는 숨을 쉰다. 아시아인에 비해 서양인들의 영성 생활은 원초적이고 오로지 우연에만 몸을 맡긴 것처럼 보인다. 아시아인의 종교 생활은 안정적이고 믿음으로 가득하다. 어느 종교를 믿

◆ 헤세는 1906년부터 1912년까지 알베르트 랑겐, 루트비히 토마와 《3월*März*》이라는 문화 잡지를 출판했다. — 원서 주

든 상관없이 말이다.

우리는 서양 문명과 기술이 우월함을 안다. 그러나 한편으로 동양의 종교인들이 우리에게는 부족한 '선善'을 즐긴다는 사실도 알고 있다. 선은 그 어떤 우월함보다도 우리가 더 고차원이라 여기는 개념이다. 동양에서 무엇을 들여오든, 그것이 우리를 구하지는 못한다. 인도나 중국의 종교와 가르침을 따르는 일도, 이전에 교회 중심이었던 그리스도교로 다시 도피하는 일도 무용지물이다. 영혼을 돌보는 삶의 방식과 서로 영혼을 나누고 공감할 장소를 다시 찾아야만 유럽 문화를 존속시킬 수 있다. 인간이 과연 종교를 다른 것으로 대체할 수 있는지는 의문으로 남으리라. 종교를 대체할 무언가가 서양인에게 근본적으로 결여되었다는 사실을 나는 분명히 깨달았다.

3.

❈ 1915년

내가 개신교 신자가 될지 가톨릭 신자가 될지, 바흐에 열광할지 바그너에 열광할지는 처음부터 결정되지 않았다. 나에게 삶과 역사는 다양하기에 온전한 의미와 가치를 갖는다. 다양함은 신이 새로운 형태를 무한하게 펼치는 것을 말한다. 내가 사랑하는, 가장 가까이에 있는 사람들에게는 불쾌하게 여겨질 수 있겠으나, 나는 부처와 예수를 동시에 사랑하고 존경할 뿐만 아니라 칸트와 스피노자, 니체와 괴레스도 함께 사랑한다. 그 이유는 교육열이나 학구열 때문이 아니라, 단순히 하나처럼 보이는 대상의 다양한 측면을 아는 것이 즐겁고, 아리스토텔레스와 니체, 팔레스트리나와 슈베르트 사이가 다채롭기 때문이다. 그 단순한 하나가 무엇인지 명확하게 깨우치면 그제야 삶에 완연하고 부드러운 아름다움과 이성적으로 설명할 수 없는 다양함이 깃든다. 그렇기 때문에 자유의 정신이나 자유로운 고찰이 필요하다. 그리고 떠들썩하게 나서지 않고 묵묵히 살았던 위인들도 놓칠 수 없다. 이 위인들에게 자유는 이해의 문제가 아니었다. 그들에게 믿음과 순종은 마음 깊은 곳에서 우러나온 욕구에 따른 것이었다.

4.

❀ 1917년

어떤 설교자가 "마음속의 목소리를 들어라!"라고 한다면 많은 사람들이 그에게 이렇게 요구할 테지.

"그 목소리가 뭐라고 합니까? 설명해 주십시오!"

하지만 그건 설교자가 말할 수 없어. 그가 요청하는 바는 말이나 돈으로 나타낼 수 있는 의무를 다하라는 게 아니라 모든 사람들이 각자 자신의 마음속 목소리를 귀 기울여 듣고 그 목소리가 무엇을 말하는지 깨달아야 한다는 뜻이지.

자네가 물은 내용을 다른 이도 편지로 나에게 물었네.

"우리는 이제 뭘 해야 할까?"

내가 말할 수 없는 일이야. 자네의 양심과 힘이 어떻게 되어 가는지 모르기 때문이지. 나는 자네에게 아무것도 요구할 수 없어. 무언가 할 수 있는 건 오직 자네 자신뿐이야! 자신의 목소리를 귀 기울여 듣는 사람은 길을 찾을 수 있을 테지. 내가 2년 반 전부터 매일, 매주 그 길을 새로이 찾아야만 했듯이 말이야.

여기저기에 친절을 베푸는 데 만족하는 사람이 있고, 친구들과 함께하는 데 만족하는 사람도 있겠지. 병역을 거부하는 사람도 있을 거고. 더 큰 뜻을 품고 이탈리아에서 손니노◆를, 베를린에서 티르피츠◆◆를 암살하려고 하는 사람도 있을 거야. 누구든 자신만의 할 일이 있지. 만약 내가 손니노를 쏜다면 죄를 저지르는 거야. 마음 깊은 곳에서 울려 퍼지는 목소리가 하

◆ 시드니 손니노. 이탈리아의 전 총리이며 제1차 세계 대전 때는 이탈리아 외무부 장관이었다.

◆◆ 알프레트 폰 티르피츠. 빌헬름 2세가 해군 원수로 임명했던 독일 제국군 제독이다.

는 말과 반대되는 행동을 하는 셈이니까 말이야. 하지만 세상에는 그런 일을 자유롭게 하는 사람들이 있어. 그런 행동의 피해자가 되는 사람들도 있고. 나는 내가 (공적인 활동 범위 내에서) 입장 표명을 해 온 것* 때문에 언젠가는 고향이나 사회적 지위, 가족, 명예에서 멀어질지도 모른다는 사실을 오래전부터 잘 알았어. 각오하고 추이를 지켜보기로 결정했네.

5.

❀ 1919년

사회적인 의무에 상충되는 감정을 느끼며 갈팡질팡하는 당신에게 공감합니다. 유사한 감정을 저도 느꼈으니까요. 그건 개인적인 과제와 사회적인 과제가 오랫동안 분열되어 생기는 감정 같습니다. 그 두 가지는 실제로 존재하고 우리는 내면에서 그것을 느낍니다. 그러나 그 감정을 올바르게 판단하기는 불가능하지요. 우리는 가슴이 시키는 대로 고유의 감정에 따라 살며 모든 행동을 우리가 느끼는 쾌감이나 고통에 따라 평가합니다. 혹은 사회의 요구에 따라 살며 타인을 위해, 국가를

---

* 헤세는 제1차 세계 대전 때 스위스 베른에서 독일군 포로 후생 복지 사업에 참여했다. ― 원서 주

위해, 교회를 위해, 그 밖에 다른 것들을 위해 봉사하지요. 어느 쪽이든 고통에 몸부림치며 불행해질 수 있습니다. 저는 자아를 잊고 사회적인 책무를 다해야 한다는 의무감에 빠져 안간힘을 쓰며 허우적대는 사람들을 안타깝게 여깁니다.

저는 이기적인 길이나 종교인의 길을 택했고 영혼이 가지는 의무와 비교하면 사회에 대한 의무는 중요하지 않다고 생각합니다. 제 영혼이 작게는 인간 성숙의 한 부분을 보여 주며, 내면에서 발생하는 사소하지만 급격한 모든 움직임이 바깥세상의 전쟁과 평화만큼이나 중요하다는 것을 새로이 느꼈습니다. 저는 그런 욕구와 충동에 따라 삽니다. 그리고 이곳에 온 이후부터 중요한 것들이 생겼고 일도 많이 하고 있습니다.◆ 일을 하면 이 세상이 만족스럽습니다. 다만 압박을 받거나 눈의 통증 등으로 작업이 방해받는다면 우울한 시간을 보내지요. 그럴 때면 밤마다 그로티◆◆에 가서 와인의 신과 이야기를 나누곤 합니다. 그러나 몽유병자처럼 흐느적대느라 작업의 다음 단계로는 도무지 나아가지 못합니다. 마음속으로는 다시금 완전히 새로운 싸움을 시작해 글의 윤곽을 잡고 말

◆ 《클라인과 바그너 Klein und Wagner》, 《차라투스트라의 귀환 Zarathustras Wiederkehr》, 《아이의 영혼》, 《클링조어의 마지막 여름》을 집필한 일을 말한다. — 원서 주
◆◆ 헤세의 단골 식당인 동굴형 레스토랑의 애칭이다.

하고자 하는 새로운 내용을 표현할 방법을 찾아야겠다고 생각하지요. 물론 다치고 상처가 나는 험난한 과정일 테고, 결과물이 어떻게 완성될지는 모릅니다. 하지만 그렇게 해야만 한다는 사실만큼은 알고 있습니다.

6.

❀ 1920년

불교 신자들에게 열반에 관해 말하는 것은 터부다. 열반을 오로지 부정적인 평온함으로 이해해야 하는지, 긍정적인 행복으로 이해해야 하는지, 이와 비슷한 의문에 어떤 답을 할 수 있는지 이러쿵저러쿵 말하는 일을 부처가 금지하였다. 이에 관해 다투는 것 또한 쓸데없는 일이다. 내가 이해하는 열반은 개별 고유성을 뒷받침하는 구원의 발걸음이다. 즉 종교적으로 표현하자면 각 개인의 영혼이 어떤 영혼으로든 다시 태어날 수 있다는 뜻이다. 그런데 여기서 인간이 과연 그런 귀환을 갈망하고, 추구해야 하는 건지 또 다른 의문을 갖게 된다. 신이 나를 만들고 개별적인 존재로 살도록 했다 해도 나에게 주어진 과제는 최대한 빠르게 다시 만유萬有와 하나가 되는 일일지도 모른다. 어쩌면 나는 나 자신을 몰아세워(나는 어떤 글에서 이것을 '주저앉다'라고 표현한 적이 있다), 스스로를 단일 개체로 나누어 개별적인 존재로서 그 삶을 끝까지 살아내야 한다는 신의 뜻에 따라 열심히 살아 속죄함으로써 신이 바라는 바를 충족시켜야 하는지도 모른다. 나는 지금 부처에 반하는, 어린 시절 잠시나마 충실하게 믿었던 이단으로 향하려는 경향을 보이고 있다.

나는 부처가 진정으로 성숙했고 생의 마지막에는 정말로 열반에 이르렀다고 믿는다. 하지만 우리가 인생을 살면서 부처가 걸었던 길을 더 빨리 걷거나 그와 똑같이 열반에 이를 수 있으리라고는 생각하지 않는다. 만약 우리가 충분히 성숙해지거나 우리 안에 있는 신이 우리를 단일 개체로만 있도록 하는 데에 지쳐서 깨달음의 빛이 다시 비친다면 한 번은 열반에 도달할 수 있을 테다. 우리가 열반에 도달하는 과정에 도움이 될지는 다른 문제다. 부처의 가르침이 전적으로 타당하다는 생각을 이제는 하지 않는다. 젊은 시절에는 경탄해 마지않았던 그 가르침은 지금 좀 부족한 듯 느껴진다. 기묘할 정도의 정확성, 신학과 신의 부재, 그리고 순종이 없으니 말이다. 나에게는 때때로 아버지의 아들인 예수가 부처보다 한 걸음 더 앞서 나간 인물로 보인다.

7.

🏵 1920년

당신은 자신에게서 우러나온 삶이 이기적이라고 생각하시겠지요. 하지만 자아가 무엇인지 아는 것이 전혀 없는 유럽인의 눈에만 그렇게 보일 뿐입니다. 나, 즉 '자아'란 추구하는 사람을 의미합니다. 유럽의 지식 세계를 제외한, 유럽 밖에서는 이미 3세기경부터 그 '나'라는 것이 인간이 각자 느끼는 바에 따른 존재가 아니라 모든 영혼의 가장 내면에 있는 근본적인 개념이라고 여겼습니다. 인도인은 이를 '아트만'이라고 부릅니다. 초월적이고 절대 변하지 않는 자아라는 뜻이지요. 부처의 길, 베다의 길, 노자의 길, 혹은 예수의 길 위에서 자아를 찾는 사람은 내면 가장 깊은 곳에서 세상 만물인 신과 연결되며 신에게 맹세한 대로 행동합니다.

자아를 찾는 일보다 타인과 관계를 맺는 일이 더 중요하다고 말씀하셨지요? 하지만 그 두 가지는 다르지 않습니다. 진정한 '나'를 찾는 사람은 동시에 모든 삶의 규범을 찾는 셈이니까요. 사람이 각자 내면 가장 깊은 곳에 품고 있는 자신이란 존재는 신이자 '의미'이기 때문입니다. 브라만교 신자들은 낯선 존재를 두고 '타트 트밤 아시tat twam asi'라고 말합니다. '그것이 바로 너다!'라는 뜻입니다. 자신을 해치지 않고는 다른 존재를 해칠 수 없다는 사실을, 이기주의에는 아무런 의미가 없다는 사실을 브라만교 신자들은 알고 있습니다.

우리는 타인을 대할 때 법률과 관습을 따르는 데 너무 익숙합니다. 그런 법률과 관습은 신의 뜻으로는 측정할 수 없는 대상입니다. 우리는 신을 모르며, 내면 가장 깊은 곳에 있는 신을 찾는 방법을 한 번도 배운 적이 없기 때문이지요. 하지만 전쟁이 일어났을 때를 떠올려 보세요. 국가를 그 어떤 것보다 우위에 두는 법률을 따라야 합니까? 그래서 명령에 복종하고 타인을 죽이고 총을 쏘아야 합니까? 아니면 살인이 절대 좋은 결말로 이어지지 않는다고 말하는 깊은 내면의 움직임을 따라야 합니까? 물론 이런 질문은 더 진보하고 더 섬세하고 더 고차원적인 사람들 사이에서 생깁니다. 사회라는 무리에 소속되어 사는 사람에게는 맹목적으로 따를 법률과 규범이 필요하지요. 그렇지만 내면의 호소가 몇몇 사람들에게 가 닿을 수도 있고 모든 이에게 가 닿는 때도 있을 것입니다. 이 내면의 호소는 전쟁을 겪는 유럽의 수많은 젊은 지성인들에게도 가 닿았습니다. 많은 이들이 눈을 떴고 자아를 찾고 있습니다. 현재의 지도자, 사회가 요구하는 것들과 법률까지 이상하다고 느끼기 시작했기 때문입니다.

예전에 쓴 차라투스트라에 관한 글에 저만의 방식대로 비슷한 이야기를 담은 적이 있습니다. 자아를 추구하는 가장 큰 장점은 고대 인도인이 보여 준 바 있고, 《베다》의 사상은 아직까지도 인도인의 정신 속에 생생하게 살아 있습니다. 예수가 "하느님의 나라는 너희 안에 있다."(루카 17,21 참조)라고 말한 것도 같은 뜻일 테고, 노자의 말도 마찬가지겠지요. 유럽의 철학자들은 인식 비판 분야에 큰 업적을 남겼지만 인간이라는 존재와 삶에 관한 근본적인 생각에는 그 어떤 새로운 지식은커녕 더 나은 지식도 더하지 못했습니다.

8.

㊟ 1921년

유일하게 참된 종교나 최고의 가르침이 존재한다고는 생각하지 않습니다. 애초에 왜 그래야 합니까? 불교도 훌륭하고 '신약 성경'도 뛰어납니다. 모두 저마다의 시대에, 그 가르침이 꼭 필요한 곳에 존재합니다. 고행을 반드시 해야 하는 사람도 있고, 다른 것이 필요한 사람도 있습니다. 또한 한 사람에게 늘 똑같은 것이 필요하지도 않습니다. 활발하게 행동할 때가 있고, 가라앉아 있을 때도 있으며, 쉬거나 일을 해야 할 때도 있으니까요. 그래서 자신을 변화시키려고 해도 늘 실패합니다. 포근한 동정, 친절, 연민이 가장 숭고한 가치라면 아시시의 프란치스코는 가장 위대한 사람일 것입니다. 또한 칼뱅과 사보나롤라◆, 루터는 난잡하고 무자비한 미치광이였을 테지요. 그러나 양심이라는 덕과 양심의 요구에 따른 '영웅적인 순종'이라는 덕이 더 높이 평가받는다면 칼뱅이나 사보나롤라는 진정으로 위대한 인간일 겁니다. 늘 그렇지만 그 두 가지 모두 참된 일이지요.

저에게는 어떤 덕이나 특정한 믿음이 인간적인 '이상理想'으로 보이지 않습니다. 오히려 개인의 영혼이 이리저리 흔들리지 않고 안정되는 일이야말로 가장 중요한 것, 사람들이 추구할 대상으로 보입니다. 그런 일치를 이룬 사람은 정신 분석학에서 말하는 리비도를 자유자재로 다룰 수 있는 기술을 가진 셈입니다. '신약 성경'에서는 이를 두고 "다 여러분의 것입니다."(1코린 3,21 참조)라고 말합니다.

9.

❀ 1921년

부처의 가르침은 몇 년 동안 실질적인 믿음이자 유일한 위로였습니다. 다만 서서히 생각이 바뀌어 저는 이제 더 이상 불

◆ 지롤라모 사보나롤라. 이탈리아 도미니코회 수도사이자 종교 개혁자다.

교 신자가 아닙니다. 최근 몇 년간은 인도의 신이나 사원, 다신교의 의미를 탐구하는 데 심취해 있었는데 지금은 종교 개혁을 가톨릭 교회와 비교하듯이 불교를 브라만교와 비교해 봅니다. 저는 개신교 신자이고 어릴 때 종교 개혁의 가치와 의미를 굳게 믿었습니다. 구스타브 아돌프 왕(구스타브 2세) 같은 머저리도 우리에게 영웅 대접을 받았고 위대한 이라고 칭송이 자자했지요. 나중에야 종교 개혁이 아주 바람직한 일이었으며 개신교 신자들의 양심이 면죄부 판매 같은 일과 비교하면 대단히 고상하며 훌륭하다는 사실을 깨달았습니다. 한편으로 개신교 교회는 누군가에게 아무것도 제공하지 않았으며 개신교와 그 분파에는 열등감이라는 위험한 감정이 퍼졌다는 사실도 알았지요. 마찬가지로 지금은 이 세상을 신 없이도 아주 이성적이고 합리적이라고 보며 오로지 승려에게서 구원을 찾는 불교를 일종의 훌륭한 청교도주의라고 봅니다. 청교도주의가 계속해서 편파적인 모습을 보이며 저에게 실망감을 안겨주었지만 말입니다.

싯다르타는 죽을 때 열반을 소망하지 않았을 테지요. 그는 자신이 환생하리라는 걸 잘 알고 있으며, 새로운 생애에 발을 들일 겁니다.

10.

❀ 1923년

우선 짧게 말씀드릴 일이 있습니다(이는 당신이 물은 질문에 답하기 위함이지, 당신의 동료나 그들의 정신적인 유희에 관해 논쟁하고자 함이 아닙니다). 당연히 신은 존재하며 모든 민족, 시대, 개인이 저마다 나름대로 받아들이는 진리도 존재합니다. 물론 그 형태는 늘 새롭게 바뀌겠지만요. 그중 매우 아름답고 순수한 형태가 아시다시피 바로 《신약 성경》입니다. 저는 《성경》 중 복음서만 이해했을 뿐, 바오로 사도의 편지에 관해서는 잘 모릅니다. 《신약 성경》에는 노자와 부처의 가르침, 우파니샤드의 가르침과 더불어 이 지구상에서 알려지고 언급된 것들 중 가장 참되고 함축적이며 생동감 넘치는 말씀이 있습니다. 그럼에도 제가 느끼기에는 신에게 향하는 길이 막혀 있었지요. 엄격한 교육, 가소로운 신학과 그 안에서 빈번하게 발생하는 다툼, 교회의 지루함과 고지식함 등이 신에게로 가는 길을 방해했습니다.

그래서 다른 길에서 신을 찾기를 원했고 곧 인도의 신을 찾았습니다. 사실 인도는 저와 멀지 않은 곳에 있었어요. 선조들이나 외할아버지, 아버지와 어머니가 인도에서 선교를 한 적이 있어 인도어를 할 줄 알았기 때문이지요. 나중에 노자를 통해 중국이라는 길을 찾았습니다. 최고로 카타르시스를 느낀 일이었습니다. 한편으로는 니체, 톨스토이, 도스토옙스키의 작품을 읽으며 현대의 가르침을 탐구하는 일도 소홀히 하지 않았습니다. 가장 깊이 있는 지혜는 우파니샤드, 부처, 공자, 노자에게서 찾았습니다. 그리스도교의 불편한 진실을 바라보던 저의 오랜 반감이 서서히 사그라졌을 때는 《신약 성경》에서도 찾았지요. 어쨌든 저는 꿋꿋하게 인도의 길을 믿었습니다. 그리스도교의 길보다 더 낫다고 생각하지 않았음에도 말입니다. 왜냐하면 인도의 종교와 문화가 그리스도교의 거만함과 유일한 신, 바오로 사도에서 시작되어 그리스도교 신학 전반에 퍼진 독선적인 특성과 반대되었기 때문이었습니다. 또한 인도인이 요가의 도움을 받아 진리를 추구하는 효율적이고 현명한 방법을 알고 있기 때문이었습니다.

이것이 당신의 질문에 대한 답입니다. 저는 인도의 지혜가 그리스도교의 지혜보다 더 낫다고 보지는 않습니다. 다만 그것이 조금 더 비종교적이고, 조금 더 인내심이 강하며, 더 넓고, 더 자유롭다고 생각할 뿐입니다. 아마 그 이유는 그리스도교의 진리가 불충분한 형태로 어릴 적 제 삶에 불쑥 끼어들었기 때문이겠지요.

인도의 선다 싱*은 저와 정반대 경험을 했습니다. 그는 인도의 가르침이 자신의 삶에 원치 않게 끼어들었다 생각했고 인도에서 신성한 고대 종교가 왜곡되고 타락했다고 여겼습니다. 제가 여기서 그리스도교가 왜곡되고 타락했다고 생각한 것처럼 말이지요. 그는 그리스도교를 선택했습니다. 선택했다기보다는, 제가 인도의 조화로운 사상에 감동했듯 그 또한 예수의 애정 어린 가르침에 자연스럽게 스며들어 내면이 충만해졌으며 완전히 사로잡혔다고 해야겠지요. 사람들은 저마다 신에게로, 그러니까 이 세상의 중심으로 가는 다른 길을 찾습니다.

그러나 그 길에서 경험하는 일은 항상 같습니다. 진리를 어렴풋이나마 느끼기 시작한 인간(당신처럼 다들 처음에는 '모든 것이 혼란스럽다'고 느낄 겁니다), 삶의 본질을 느끼고 더 가까이 다가가려는 인간은 외양이 그리스도교든 다른 것이든 신이 실재함을 경험합니다. 당신의 말을 빌리자면 삶의 실재겠지요. 우리는 그 일부분이며 그것에 저항하거나 순응할 수 있습니다. 하지만 삶의 실재 없이는 어떤 깨달은 자도 더 이상 살고자 하지 않을 뿐더러 살 수도 없을 겁니다.

◆ 인도의 선교사. 그리스도를 만나는 체험을 한 뒤, 그리스도인이 된다. ─ 원서 주

11.

※ 1923년

사람들이 《신약 성경》의 가르침을 계율이 아니라 영혼의 비밀을 둘러싼 아주 심오한 지식의 표현으로 받아들인다면, 그 책은 가장 현명한 말이자 모든 인생의 지혜와 행복을 논하는 가르침을 담은 총체적인 요약본이 된다. "네 이웃을 너 자신처럼 사랑하라."(마태 19,19 참조)는 말이 《신약 성경》에 실려 있다. 인간은 이웃을 자신보다 덜 사랑할 수 있다. 그렇다면 그는 이기주의자이자 탐욕스러운 이, 자본주의자이자 부르주아다. 그런 사람은 돈이나 권력을 손에 넣어도 진정한 기쁨은 가지지 못한다. 또 가장 순수하고 진한 영혼의 기쁨 또한 얻지 못할 것이다.

반대로 이웃을 자신보다 더 사랑할 수도 있다. 그런 사람은 가엾은 악마다. 열등감과 욕망이 들끓어 모든 것을 사랑해야 하지만 자신에 대한 적개심과 어깨 위의 짐을 덜지 못해 매일같이 자신을 불타게 하는 지옥에서 살 테다. 한편 사랑은 죄를 짓지 않고도 얻을 수 있는 힘이라는 점, 누구에게도 도둑맞지 않고 베풀 수 있다는 점, 자신을 제한하거나 억압하지 않고도 타인에게 보일 수 있다는 점이 장점이다. 모든 행복의 비밀이 사랑이라는 단어에 들어 있다. 원한다면 인도에서 얻은 지혜에 의미를 부여할 수 있다.

"그가 바로 너이니, 이웃을 사랑하라!"

이것은 "타트 트밤 아시."를 그리스도교의 언어로 번역한 말이다. 모든 지혜란 이토록 간단한 말로, 아주 오래전부터 오해의 여지라고는 없을 정도로 명백하게 표현되어 왔다. 그럼 우리는 왜 좋은 시절에만 이런 말에 귀를 기울이는 걸까? 왜 항상 그러지 못하는 걸까?

정신을 가다듬고 그 이유를 생각해 보았다. 어릴 때 들은 이야기를 떠올려 보면 형상을 가진 우상이 없다는 점이 그리스도교의 장점이었다. 그러나 나이가 드니 그 점이 그리스도교의 단점이라는 생각이 들었다. 예를 들어 사도가 사람들을 두려움에 빠뜨리고 지루한 말만 늘어놓는 설교자가 아니라 모든 종류의 훌륭한 힘을 갖춘 신이거나 자연의 계시였다면 나는 그를 위해 뭐든지 했을 것이다. 내가 보기에는 훌륭한 힘이나 자연의 계시를 갖지는 못했어도 복음사가를 상징하는 동물 정도가 그럭저럭 반가운 대체물이었을 뿐이다.

12.

❀ 1925년

사람이 스스로 종교를 선택할 수 있었다면, 나는 깊은 내면의 갈망에 따라 보수적인 종교에 귀의했을 것이다. 공자나 브라만교를 따르거나, 로마 가톨릭 신자가 되었을지 모른다. 가족과 관계없이 개인적인 갈망에 따라 완전히 반대로 갔을 수도 있다. 내가 독실한 개신교 신자 집안에서 태어난 건 순전히 우연이지만, 어쩌다 보니 내 본질도 개신교를 따랐기에 그리스도인이 되었다(내가 처한 상황을 보면, 최근에 개신교에 반감을 품은 것도 이상한 일은 아니다). 진정한 개신교 신자는 교회에 저항하는데, 그 이유는 그의 본성이 그저 존재하기보다 발전하는 편이 더 긍정적이라고 속삭이기 때문이다. 그런 의미에서는 부처도 개신교 신자였을 것이다.

13.

❀ 1927년

성탄절은 모든 부르주아들의 감상주의와 거짓으로 가득한 독극물 저장소이자 산업과 상업을 위한 각종 난잡한 행위들, 백화점에 진열된 호화로운 상품들의 총체다. 또한 칠이 된 판금과 전나무 잎과 축음기의 냄새, 너무 바빠 기진맥진해서 몰래 신을 모독하는 배달원의 냄새, 장식된 나무가 있는 부르주아의 방에 떠도는 어색한 대축일의 냄새, 신문의 특별 부록과 광고란의 냄새가 난다. 짧게 말하자면 내가 끔찍하게 싫어하는 수천 가지 것의 냄새가 나는 날이다. 그런 것들이 구세주의 이름과 어린 시절의 기억을 그토록 무참하게 더럽히지만 않았더라도 나에게는 그리 중요하지 않은 작은 일들이 되었겠지만 말이다.

14.

㊟ 1930년

'깨달음', 즉 '앎'이 성경에서는 죄악으로 표현되듯이(뱀으로 묘사되었지요) 인간 성숙, 개체화, 전체를 극복하고 오롯한 개인이 되는 것은 사회의 전통이라는 측면에서 보면 나쁜 일입니다. 청년과 가족 사이, 아버지와 아들 사이의 갈등은 자연스럽고 태곳적부터 존재했습니다. 모든 아버지들이 새로운 것을 파렴치한 폭동이라고 생각했으니까요. 그래서 부도덕한 범죄자이자 최초의 살인자였던 카인도 정반대로 왜곡된 프로메테우스이자 호기심과 대담함 때문에 추방당한 영혼과 자유의 대표자로 볼 수 있다고 생각합니다.

얼마나 많은 신학자들이 이런 견해에 귀를 기울일지, 이런 해석이 모세 오경을 썼다는 이름 모를 작가들에게 인정받을지는 신경 쓰지 않습니다. 인류의 모든 신화처럼 성경의 신화도 우리가 개인적으로, 시대에 맞게 해석하지 않는다면 아무 가치 없는 이야기니까요. 그러나 우리에게, 이 시대에 의미 있도록 해석한다면 매우 중요한 내용이 되겠지요.

15.

⊛ 1930년

자네가 프레포르스트의 예언자◆에서 찾은 '정신'과 '영혼'에 관한 해석은 때때로 고대 인도인에게서도 찾을 수 있네. 현대적인 시각에서는 '영혼' 대신 중추 신경계라는 말을 쓸 수 있겠지. 그 해석은 매우 설득력 있어. 다만 근본적으로는 '용어'의 문제야. 오늘날 분석 심리학 분야는 정신이 아니라 바로 영혼(무의식적인 정신세계, 꿈, 환상, 병자들의 환각 등)에서 개인적이고 시대를 초월한 무언가를 찾아. 예를 들자면 이런 거야. 교육을 못 받아서 아는 것이라고는 없는 사람이 어떤 꿈을 꾸거나 상상한 대상이 있다고 해 보자. 그런데 그게 고대의 신화적인 체계나 종교 문화와 우연히 일치하는 경우가 있어. 이것을 '집단 무의식'◆◆이라고 부르지. 모든 개인의 영혼에는 무의식

◆ 유스티누스 케르너가 쓴 《프레포르스트의 예언자 Die Seherin von Prevorst》를 말한다. — 원서 주
◆◆ 카를 구스타프 융이 창시한 분석 심리학의 중심 개념이다. 인류가 태곳적부터 반복적으로 경험한 역사와 문화를 통해 모인 정신적 자료를 말한다.

적으로 보편적인 비유와 상징이 있다는 말이야. 모든 사람들의 신체에 동물적인 삶을 살았던 선조들의 기억이 그대로 남아 메아리치는 것처럼 말이야.

16.

❀ 1930년

저는 평생 종교를 찾고 종교에 헌신하려고 끊임없이 노력했습니다. 물론 새로운 종교나 새로운 표현, 그리고 그것들과 연결될 가능성을 찾을 수 있다고는 감히 생각하지 않습니다. 그러나 저는 시대와 자신에게 절망했어도 제자리를 지킬 것이고, 혼자가 되거나 비웃음을 산다 하더라도 삶과 삶이 주는 의미에 대한 경외심을 절대 버리지 않을 겁니다. 그렇게 하면 세상이, 혹은 삶이 더 나아지리라는 어떤 희망을 가졌기 때문은 아닙니다. 제가 신을 경외하기에, 신에게 헌신하지 않고서는 살아갈 수 없는 인간이기에 그렇습니다.

17.

❀ 1930년

살지 않는 것이 사는 것보다 더 낫다고는 생각하지 않습니다. 그렇지만 이전 시대를 살았던 모든 현자가 해 온 해석을 공유하고 싶습니다. 고통과 걱정을 극복했다는 확고한 우월감은 오로지 내면이 '각성'해야만 느낄 수 있습니다. 감각의 세계와 그 외부에서 벌어지는 사건이 허무하고 꿈과 같다는 통찰을 얻거나 직접 경험해야만 느낄 수 있지요. 아무리 치기 어린 장난에 몰두하거나, 고민하거나, 고행으로 회피하여도 삶의 근심과 걱정에서 자유로워지지는 못합니다. 다만 삶의 흐름이라는 다양한 베일에 싸인 유일신과 일치하기 위해 계속 통찰해야만 자유로워질 수 있지요. 그 일이 우리를 세상의 요구와 개인적인 욕망 앞에서도 침착하고 평온하도록 해 줄 뿐만 아니라 우리의 실현 불가능한 도덕적 요구를 받아들이는 기반이 되기 때문입니다. 우리는 '살아지는' 존재고, 그저 베일을 구성하는 실일 뿐입니다. 제가 깊이 생각해 보니 시간 속에서 얻는 믿음과 위로는 이렇습니다.

저만의 생각을 남들에게 설교할 생각은 전혀 없습니다. 삶이 저에게 곤경에 처한 사람들을 데려다준다면 한마디 해 볼 수는 있겠지요. 그 외의 경우에는 절대 말하지 않을 겁니다. 심지어 제 아들에게도요.

진정한 지혜와 구원받는 방법은 가르칠 수 있는 것이 아니며, 재미삼아 행하는 오락거리도 아닙니다. 이는 오로지 큰 어려움에 처한 사람들을 위해서만 존재합니다.

18.

※ 1930년

제 믿음은 말로 가볍게 설명할 수 있는 것이 아닙니다. 그래도 표현하고자 한다면 이렇게 할 수 있겠지요.

"무의미해 보이더라도 결국 삶에는 의미가 있다. 그 의미를 이해할 수 있으리라고는 생각하지 않지만, 그것을 위해 나 자신을 희생해야 한다면 기꺼이 그럴 준비가 되어 있다."

이 의미의 목소리는 제가 완전하게 생동감으로 요동치며 깨어 있는 순간에 제 안에서 들려옵니다. 이때 저는 삶이 무엇을 요구하든, 설령 통상적인 관습과 규칙에 어긋나더라도 그것을 실현하고자 노력할 것입니다. 이 믿음은 누가 명령을 했다고 믿거나 혹은 믿지 않겠다고 거부할 수 있는 것이 아닙니다. 그저 경험할 수 있을 뿐이지요. '은총'은 어떤 대가로 얻거나, 강요하거나, 계략을 써서 손에 넣는 것이 아니라 믿는 이들만 받을 수 있는 것이듯 말입니다. 은총을 받지 못한 사람은 자신의 믿음을 교회에서, 지식에서, 애국자나 사회주의자에게서, 이미 완성된 도덕과 체계와 형식이 있는 곳에서 찾습니다.

어떤 사람에게 고되지만 더 아름다운, 자신만의 삶과 의미로 이어지는 길을 갈 능력이 있는지, 그의 인생이 그렇게 정해졌는지는 제가 판단할 수 없습니다. 그런 사람을 직접 보더라도 마찬가지입니다. 수천 명이 계시를 받는다 해도 대부분 아주 잠시 그 길을 걸어 나갈 뿐이고, 나이가 많이 들어서까지 걸을 사람은 많지 않습니다. 아마 그 길을 끝까지 가는 사람은 아무도 없을 테지요.

19.

❈ 1931년

저는 완전하게 굳어진 가르침을 믿지 않습니다. 무엇이든 발전하고 변화한다고 믿습니다. 제가 쓴 많은 책에 '모든 이는 혼자다'라는 취지의 글귀가 담겨 있는데, 이외에도 다른 내용이 많습니다. 《싯다르타》는 전체가 사랑 고백이며, 이와 비슷한 내용이 다른 책에도 있지요.

제가 평생 품어 온 것보다 더 과장되게 믿음을 표현하길 원하지는 않으시겠지요. 진정으로 살 가치가 있는 인생을 살아가기는 우리 시대에서는, 우리 시대의 정신 안에서는 절대 불가능하다고 몇 차례나 열변을 토한 적이 있는데요. 저는 진심으로 그렇게 믿습니다. 그럼에도 이 시대를 사는 이유, 이 거짓과 돈 욕심, 광신, 야만이 저를 죽이지 않은 이유는 감사하게도 두 가지 행운 덕분입니다. 우선 내면에 품은 인간의 본성이라는 위대한 유산에 감사합니다. 그리고 시대를 위협하는 적들이 있음에도 살아갈 수 있는 상황에 감사합니다. 이런 행운이 없었다면 저는 살지 못했을 테고, 살더라도 대부분의 시간이 지옥 같았을 겁니다.

지금 크게 달라지는 것은 없겠지요. 저는 서양의 학문과 정치와 사고방식과 믿음의 방식과 즐거움을 믿지 않습니다. 이 시대의 그 어떤 이상도 믿지 않고요. 하지만 그렇기에 오히려 또 다른 믿음이 있습니다. 저는 수천 년 된 인류의 규율을 믿고, 그것이 이 시대의 혼돈 속에서도 살아남으리라고 믿습니다.

그렇지만 영원하리라 믿는 인류의 이상이라는 길을 보여 주기에는, 이 시대의 이상과 목표, 또 시대가 주는 위안을 어떻게 믿을 수 있을지 보여 주기에는 불가능합니다. 그럴 생각이 없기도 합니다. 대신 평생 시간을 극복하고 시대를 초월하여 살 수많은 방법을 시도했습니다(그 방법을 때로는 우스꽝스럽고 재미있게, 때로는 진지하게 설명한 적이 여러 번 있지요).

만약 지금 《황야의 이리》를 읽은 젊은 독자가 있다면, 그들은 그 책에 담긴 시대의 착각에 관한 내용을 매우 진지하게 받아들이겠지요. 수천 배나 더 중요한 것을 믿기는커녕 전혀 보지도 못하면서요. 하지만 현실이 그렇다고 전쟁, 기술, 금전 추구, 민족주의를 열등하다고 묘사한다 해도 달라지는 건 없습니다. 시대가 맹목적으로 숭배하는 우상의 자리에 믿음을 둘 수 있어야 합니다. 저는 항상 그렇게 했습니다. 《황야의 이리》에서는 모차르트와 '불멸인', 마술 극장으로 표현했고, 《데미안》과 《싯다르타》에서는 다른 이름으로 같은 가치를 표현했지요.

사람들이 싯다르타가 사랑이라고 부르는 것에 대한 믿음과, 영원히 사는 사람에 대한 하리*의 믿음으로 살 수 있다고 저는 굳게 믿습니다. 사람들은 그 믿음으로 삶을 살아갈 수 있으며 힘든 시간까지 견뎌 낼 수 있습니다.

저는 자신을 제대로 표현하지 못한다고 생각합니다. 제가 믿는 대상을, 책에 명확하게 표현한 내용을 독자들이 포착하지 못하는 모습을 볼 때면 항상 용기가 부족해졌죠.

제 편지를 읽으셨다면 부디 제가 쓴 책 중 한 권을 다시 읽으십시오. 그리고 여기저기에 사람을 살게 하는 믿음을 표현한 문장이 실리지 않았는지 살펴보십시오. 찾지 못한다면 책을 던져 버리시면 됩니다. 찾으신다면 계속해서 읽으십시오.

얼마 전에 젊은 여성이 저에게 《황야의 이리》에서 마술 극장이 의미하는 바가 무엇이냐 묻더군요. 제가 아편에 중독된

---

* 《황야의 이리》의 주인공 하리 힐러를 말한다.

듯한 상태로 모든 대상을 우습게 표현했다며 퍽 실망한 것 같았습니다. 제가 하는 말은 그 마술 극장만큼 중요하지도 신성하지도 않다고, 그 마술 극장이야말로 저의 가장 깊은 내면의 가치 있고 중요한 것을 나타내는 이미지라고 말하며 책을 처음부터 읽어 보라고 권하였습니다. 나중에 그녀가 편지를 보냈습니다. 이제는 이해했다고 하더군요.

B씨, 당신이 왜 의문을 품으시는지 이해합니다. 지금으로서는 제 책을 엉망진창이라 여기는 것도 어쩌면 당연합니다. 그렇다면 일단 책을 멀리 치워 버리고, 당신을 속박하는 무언가에서 벗어나십시오. 이에 관해서는 제가 조언할 방법이 없습니다. 그저 제가 살아온 과거와 제가 쓴 내용, 제가 가진 여러 모순이나 변화, 무질서의 편에 서 있을 뿐이지요. 저에게 주어진 과제는 다른 사람들에게 객관적으로 최고의 것을 주는 게 아니라 제 것(그것이 괴로움이자 한탄일지라도)을 가능한 있는 그대로, 솔직하게 전달하는 일입니다.

20.

❈ 1931년

전적으로 옳고 성화되는 교리에 대한 믿음을 나눌 수 없더라도, 스스로 회개하고 헌신적인 믿음을 가지겠지요. 그렇다면 저는 불행하다거나 길을 잃었다거나 개신교 신자 같다고 느끼지 않고 순수하게 기쁠 겁니다. 말로 설명할 수 없는 무언가를 그렇게 다양한 방식으로 경험할 수 있다는 사실에 감사하며 기뻐할 겁니다.

21.

❀ 1931년

간디가 지혜를 설파하는 스승이며 고대 인도의 가르침의 유산이자 전달자이고 매우 신묘한 곳에서 왔다고 생각하는 간디 신봉자들을 자주 만난다. 전부 옳다. 간디야말로 진정한 종교인이자 진정한 인도인이다. 하지만 간디는 인도의 가르침에 관해서 아는 바가 적다. 인도의 가르침과 사상을 전파해야 한다는 짐이 그리 무겁지도 않다. 인도와 아프리카에서 보낸 시절 이후 간디의 종교적인 태도는 영국의 그리스도교와 비국교주의 쪽으로 크게 기울었다. 간디가 훌륭한 인물인 이유는 경건한 신비나 종교적인 개념을 명확히 표현하는 특별한 능력을 가졌기 때문이 아니다. 진실과 선을 위해서라면 얼마든지 자신을 희생할 준비가 된 용기와 의지를 가졌기 때문이다.

우리가 이 훌륭한 지도자에게 이끌리는 이유는 자신의 이상을 추구했고, 남이 아니라 자신이 먼저 진심으로 희생했기 때문이다. 우리는 정치가나 연설가, 성직자 중 위급 상황에 자신이 가진 것은 물론이고 심지어는 목숨까지 내놓을 사람이 있다고 생각하지 않는다. 그러나 간디는 조건 없이 신뢰한다. 이미 여러 차례 행동으로 직접 증명했기 때문이다. 그는 자신의 이상을 위해 희생하고 죽을 준비가 된 순수한 이다. 어떤 시대에도, 어디에서도 찾아보기 힘든 보배다.

22.

❀ 1932년

우리는 간디와 그의 삶을 이 시대의 정치인과 비교하면서 살펴봐야 한다. 이루고자 하는 목표를 가진 지도자의 행동, 진정으로 본보기가 되는 지도자의 삶이 무엇인지 배워야 한다.

23.

❀ 1932년

저에게서 '지혜'를 찾으려는 사람들은 대부분 전해지는 신앙에서 도움을 받을 수 없는 이들입니다. 그들에게 고대 현자들과 그들의 가르침을 권하고 현존하는 최고의 가톨릭 문헌도 살펴보라 강력하게 추천했습니다. 그런데 제 독자들은 저와 비슷한 점이 있어서, 베일에 싸인 신을 숭배하곤 합니다. 어쩌면 저와 제 글에 마음을 **빼앗긴** 사람들은 오로지 병자, 신경증 환자, 반사회적 인물뿐인지도 모르지요. 그들은 이름뿐인 저에게서 자신들의 약점과 고통을 고스란히 찾음으로써 유일하게 위로받는지도 모릅니다.

제가 어떤 사명을 가지기로 '결정'할지는 저에게 달려 있지 않습니다. 운명이 제가 할 일을 하도록 저를 어디에 놓아두었는지가 중요하지요. 다른 무엇보다도, 가진 것보다 더 많이 주지 않고 약속하지도 않아야 합니다. 저는 이 시대가 처한 곤경에 괴로워하지만, 이를 타개할 지도자는 아닙니다. 그런 고통스러운 상황을 마치 지옥을 지나듯 건너가고 싶습니다. 저편에서 새로운 순수함과 더 값진 삶을 찾을 수 있다는 희망을 품고 말입니다.

하지만 그 저편이 지금 여기라고 거짓으로 말하지는 못합니다. 제 삶이 의미 없고 저에게 주어진 사명이 없다고 생각하지 않습니다. 혼란 속에서도 참고 견디고 기다리며 삶 앞에서, 심지어는 삶이 아무런 의미가 없어 보여 불안해도 겸허함을 가지고 있다면 그것은 덕입니다. 특히 세계사가 새로이 해석되고 삶에 새로운 의미가 부여되며 모든 것들이 새롭게 짜이는 일이 비일비재하게 벌어지는 시대에는 더욱 그렇습니다.

24.

❀ 1933년

 자네가 처한 상황은…… 지성으로 이해할 수 있는 게 아니네. 지성만으로 해결할 수 있는 것도 아니고. 그렇지만 자네는 어쨌든 지성에 가까워질 수 있고 영향을 받을 수도 있지. 지성이라는 체계가 가장 완벽하게 자리 잡은 곳이 인도의 삼키아학파◆야. 그들은 인식하는 '나'와 욕망하는(그리고 이에 괴로워하는) '나'를 완전히 분리하는 법을 잘 알아서 진정한 열반에 이르렀지. 그 방법을 시도하기에 우리들은 기반이 전혀 없어. 인도의 극기는 충동을 억누르고 승화◆◆에 이르는 것이라네. 그런데 우리는 강하지도, 믿음이 충분하지도 않으니 거꾸로 가는 길을 택해야 해. 즉 고통과 절망을 계속 마주해야 한다는 말이지. 그러면 정말로 더 이상 불행을 견딜 수 없을 때 도망칠 수 있어.

 더 이상 참지 못하겠다면 죽음으로 도피할 수 있을 거야. 그 문이 줄곧 열려 있으니 우리는 고통에 몸부림치면서도 이렇게 추측할지 몰라. 뭔가가 나를 여기에 붙잡아 두는 걸까?

◆ 인도의 정통 브라만 계통의 육파 철학이다.
◆◆ 정신 분석학 용어로 본능적 충동이 사회적으로 바람직한 목표들로 전환되는 방어 기제를 말한다.

나의 내면에서는 살고 싶어 하는 걸까? 어쨌든 우리가 더욱 공고한 방어 태세를 취할수록, 자신 혹은 운명을 비판하고 바꾸려고 할수록 고통은 더욱 커진다는 사실을 알 수 있지. 무너지고, 가라앉고, 더는 생각하지 않고 무언가를 추구하지도 않을 바에야 스스로 불행에 완전히 잠식되는 일도 나쁘지 않아. 모든 불행에는 결국 바닥이 있음을 알 수 있거든.

25.

❀ 1933년

제가 개신교를 못마땅하게 여기는 이유는 '신학' 때문이 아닙니다. 이미 당신이 편지에도 언급하셨듯이 신학은 신학자의 온전히 사적인 영적 모험이지요. 외로운 영혼의 그러한 즐거움이나 죄악을 아주 잘 이해합니다. 제가 개신교 신학자들을 좋아하지 않는 이유는 그들이 가르칠 지식과 능력이 없어 아무것도 가르치지 못하고, 사람들이 스스로 깨달을 여지도 주지 않은 채 그대로 내버려 두기 때문입니다. 그리고 물질주의적인 국가에 어떤 비판이나 저항도 하지 않고 돈 많은 자, 권력자, 지도자들에게 헌신하기 때문입니다. 지금까지 그래 왔던 것처럼······.

결국 사람들은 그들에게 그 어떤 경고도 받지 못한 채, 커다란 기계 장치에 휩쓸리고 말지요. 제 친구 후고 발이나 테오도르 헤커*가 독일 역사를 바라보는 시각에 전적으로 동의하지 않지만, 그들이 독일의 개신교를 비난하는 내용은 옳다고 생각합니다. 가톨릭에서는 독일이 처한 암담하고 비참한 상황이 루터가 가톨릭 교회를 받아들이지 않았기 때문이라고 합니다. 그러나 아닙니다. 물론 눈에 띄는 상황이긴 하지요. 인간은 가장 영적인 것을 추구하려다 결국 각자의 이념이 옳다고 믿으며 싸웁니다. 사람들은 좁은 방으로 옮겨 가 기도만 하고 선행을 베풀지 않다가 바위처럼 굳건하게 저항해야 하는 모든 지옥으로 책임 없이 미끄러져 들어갑니다. 이것을 굳이 숨기지는 않겠습니다. 당신은 당신의 길을 가겠지요. 그것이 얼마나 좁은 길인지 잊지 않았으면 좋겠습니다. 또한 사적으로 영적으로 하는 모험을 사랑하고 감행해야 하지만 사람들이 그것을 위해 목사에게 돈을 지불하지 않는다는 점을 기억해야겠지요. 이에 관해 제가 옳다고 주장하고 객관적인 정보를 전달하려는 건 아닙니다. 그저 주관적인 생각입니다.

◆ 독일의 작가, 번역가, 문화 평론가다.

26.

🎗 1933년

저는 루터에 관해 애매모호한 감정을 품고 있지 않습니다. 그가 농민들에게 보인 비겁한 태도나 권력자들에게 아첨한 일을 비난받아야 한다고 생각하지요. 거기서 독일 개신교 신학이 탄생했습니다. 이 신학은 대학에서 개인과 자유, 행동이 중요하다고 외쳤지만, 결국 교회와 목사가 국가, 자본주의, 전쟁을 추종하는 도구가 되도록 했습니다.

당신이 신학이라고 부르는 것, 아무런 근거 없이 개신교와 동일시하는 그것은 그저 하나의 세계관일 뿐, 그 이상은 아닙니다. 세계관은 자유로운 개인이 꿈꿀 권리가 있는 대상이자 아름답게 누릴 수 있는 호사입니다. 당신의 신학은 어쩌면 키르케고르의 사상과 가깝거나 그를 뛰어넘는지도 모릅니다. 그렇지만 목사나 교회가 선한 행동을 하고 악한 행동은 삼가도록, 사랑을 더욱 크게 키우고 혐오는 없애도록 할 능력은 없습니다. 가톨릭을 깎아내리더라도 이는 변하지 않을 겁니다. 우리처럼 이미 경험이 많은 나이 든 사람들은 인간이 얼마든지 잔악해질 수 있음을 잘 알지요. 인간이 그런 악행을 신학으로 정당화할 수 있다는 사실도 알고요. 그렇기 때문에 도덕적 가르침이라든가 죄악을 금하는 것과 같은 순진한 생각을 부끄러워하지 않고

'짐승'을 길들이려고 노력하는 가톨릭 교회에 감사합니다. 지금 독일에는 신의 도움이 다른 무엇보다 필요할 테니까요.

27.

🕸 1934년

신학자로서 어디에 가치가 있고, 어디에서 위로를 찾아야 하는지 모르는 건 좋지 않습니다. 당신이 저에게 정직하지 않을 때, 제가 그 모습을 옹호하여 당신의 마음을 가볍게 해 줄 것이라고 기대하지 않았으면 좋겠습니다.

정직해지기 싫다면 권력이라는 길로 가시고, 영혼을 믿는 길을 떠나 규율을 믿는 길로 나아가십시오. 그리고 과거에 살았던 그 어떤 위인도 당신의 길에 동의하지 않는다는 사실을 확인하십시오. 그 길은 저의 길보다 걷기 쉽습니다. 당신을 괴롭게 하는 '피로'에서 해방될 수도 있지요. 제가 수십 년간 폭력에 맞서 싸운 이유는 영혼을 지키고자 했기 때문입니다.

28.

🕸 1934년

루터에 관해서는 당신의 말이 옳을지도 모릅니다. 그렇지만 지도자들을 대하는 태도나 속물처럼 농민들을 배신한 일을 보면 그는 위대하지만 아주 추악한 사람입니다. 그는 게르만 민족의 모든 위대함과 악습을 지니고 있습니다. 저는 그가 불쌍하고 연약한 멜란히톤을 심각하게 괴롭히고 학대했다고 믿습니다. 그럼에도 오늘날 그리스도교에 대한 박해에 맞서 아주 미약하게나마 루터주의가 남아 있다는 사실을 기쁘게 생각해야겠지요.

29.

※ 1934년

모든 인간이 꿈꾸고 희망하는 목표는 늘 새롭지요. 인간의 발전은 언제 어디서든 익숙함과 세속, 일상과 반대편에 서 있습니다. 젊은이와 믿음이 있는 이들에게는 완전하게 질서가 잡히고 체계적인 종파에 속해 정해진 질서에 따라 사는 사람들이 바리사이처럼 보이겠지요. 저는 지식인이 지닌 생명력과 그리스도교가 지닌 최고의 생명력은 언제나 세상이 진부하게 변하는 것을 우려하는 사람들에게 있다고 생각합니다. 그럼에도 갈망하는 '새로운' 질서는 오래전부터 남아 있는 질서라고 생각하며, 그 오래된 질서를 추구하는 사람들이 그것을 상징으로 받아들일 준비가 되었다면 오래된 질서가 생생한 힘을 다시 얻으리라 믿습니다.

30.

❃ 1937년

몇 세기가 지나면서 수많은 신조와 당파, 강령이 생겨났고 혁명이 일어나 세상을 바꾸어 (아마도) 진보하는 방향으로 이끌었습니다. 그럴지라도 시대를 뛰어넘는 신조나 강령은 없습니다. 그런데 몇몇 진정한 예술가의 그림이나 글, 몇몇 현자와 인류를 사랑하는 이, 자신을 희생하는 이의 말은 그 시간을 견디고 시대를 뛰어넘어 존재합니다. 예수의 말, 그리스 현자의 말, 어떤 시인의 말은 수백 년이 지난 후에도 수많은 사람의 마음에 가 닿았고 그들을 일깨웠으며 그들이 인류의 슬픔과 기적에 눈 뜨도록 했지요. 저의 소망은 사랑하는 이들과 그 증인들 사이에서 수천 명 중 하나, 작은 한 명이 되는 것이지, 천재나 현자라 불리는 게 아닙니다.

31.

❃ 1937년

은총은 칼뱅 같은 많은 신학자들이 가르치는 것과 다릅니다. 저는 몇몇 인간만 은총을 받는다는 생각에 동의하지 않습니다. 칼뱅의 초상화를 자세히 들여다봐도 그가 은총의 신비를 아주 잘 알 것이라는 생각은 들지 않습니다. 저는 은총이나 이름은 다를지라도 그러한 것이 항상 우리를 에워싸고 있다고 생각합니다. 그것은 빛이자 신 그 자체지요. 우리가 잠시 마음을 열면 그것이 우리 안으로 들어옵니다. 어린아이든, 현자든 상관없이 말이지요. 저는 신성함이 무엇인지 자주 생각하지만 성인聖人은 아니며, 완전히 다른 종류의 사람입니다. 제가 가진 신비에 관한 지식은 계시처럼 나타난 것이 아니라 스스로 배우고 찾은 것입니다.

저는 독서와 사유라는 길을 걸었습니다. 이 길이 가장 신에 가까운 길은 아니지만 그 또한 길입니다. 한때는 부처에게서, 한때는 성경에서, 한때는 노자나 장자에게서, 한때는 괴테나 다른 시인들에게서 신비로움을 느꼈고, 시간이 지날수록 모든 신비로움이 같은 근원에서 온, 같은 신비로움이라는 사실을 깨달았지요. 언어라든가 시대, 사고방식이라는 장벽을 뛰어넘은 신비인 셈입니다.

32.

❀ 1938년

제 안에서 어떤 믿음이 저를 붙잡고 있는 걸 당신도 느끼시겠지요. 일부는 상속받은 그리스도교이고, 일부는 인도주의人道主義인데, 이는 배워서 익힐 수도 없고, 지적인 토대도 없습니다. 그러니 시간을 더 오래 들여 탐구할수록 저의 믿음을 제대로 표현하지 못하는 것도 당연하지요. 저는 인간이 가장 더럽고 불쾌한 곳에서도 믿음이 변질되지 않을 빛나는 가능성이 있다고 믿습니다. 그리고 인간이 매우 강력하고 매혹적인 그 가능성을 언제든 다시 희망이라는 형태로 느끼리라 믿습니다. 인간이 자신의 더 높은 가능성을 꿈꾸도록 하는 힘, 인간을 동물과 다른 존재로 만드는 힘은 항상 동일합니다. 다만 그것이 오늘은 종교로, 내일은 이성으로, 모레는 다시 다른 이름으로 불릴 뿐이지요. 현실적인 인간과 가능성 있고 꿈꿀 수 있는 인간 사이를 그네처럼 오가는 일은 종교가 인간과 신 사이의 관계를 밝히는 일과 같습니다.

인간에 대한 이러한 믿음이 말하는 것은 진리를 이해하고 질서가 필요한 영혼이 내재되어 있으며 짓눌러 없애야 하는 대상이 아니라는 점입니다. 그 믿음이 저를 살아가게 합니다. 한편으로는 세상을 정신 병원이나 천박하고 질 낮은 연극을 하는 곳이라고 보기도 합니다. 때때로 극심한 역겨움을 느껴 불쾌해지기도 하지만, 그럼에도 사람들이 미친 사람이나 거나하게 취한 사람을 바라볼 때와 같은 감정이 들기도 하지요. 저이들이 어느 날 다시 제정신을 차린다면 얼마나 부끄러울까!

33.

🕮 1939년

저는 절대로 반교황주의자가 아닙니다. 오히려 그들이 조롱한 토마스 아퀴나스의 '전서'◆나 바티칸을 대단하다 여기지요. 심지어 스콜라학파의 철학이야말로 음악과 더불어 그리스도교를 믿는 유럽이 완벽하게 성취한 학문이라고 생각합니다.

제가 하고자 하는 말은 저에게 두 가지 그리스도교가 존재한다는 것입니다. 하나는 오로지 실용적이고, 개인적이고, 교리에서 자유로운 그리스도교이고 다른 하나는 교회 중심이자 신학 중심인 그리스도교입니다. 당신이 믿는 도덕적인 그리스도교는 숭고한 개인을 위해 존재합니다. 그런 그리스도교에는 어떤 신학도 필요하지 않습니다. 그런데 교회로서, 형식으로서, 전통으로서, 문화를 지키고 또 문화를 만들어 내는 권력으로서 가톨릭은 개신교보다 월등하게 뛰어날 뿐만 아니라 여태까지 유지하던 태도에서 벗어나 새로운 것에 적응할 때 이상적인 수준에 가까운 유연성과 정확성을 보입니다.

당신이 말하는 그리스도교는 그 어떤 교회보다 순수하고 예수와 닮았으며 도덕적으로 고상합니다. 그렇지만 바실리스

◆ 중세 시대 대표 신학자 토마스 아퀴나스의 역작 《신학 대전》을 말한다.

크 양식의 건물도, 고딕 양식의 첨탑도 만들어 내지 못했습니다. 로마 가톨릭 교회의 미사곡, 팔레스트리나와 바흐의 음악도 탄생시키지 못했고 앞으로도 그럴 테지요. 당신의 견해에 따르면 종교의 신비로운 측면은 이미 아무도 믿지 않는 데다 어리석기까지 합니다. 순수한 불교 신자들이 여러 신과 신화를 어리석다고 여기듯이 말입니다. 하지만 저는 사람이 순수한 철학과 도덕에서 가르침을 얻어 기꺼이 신에게로 다시 돌아갈 수 있다는 사실을 직접 경험했습니다. 고요하고 우상과 신이 없는 부처의 지혜는 그 반대 극을 필요로 합니다. 시바의 야만적이고 맹렬한 기세와 비슈누의 천진난만한 미소는 부처의 도덕적이고 인과적인 깨달음만큼이나 이 세상의 비밀을 푸는 중요한 열쇠지요.

당연한 이야기지만 정통 이념을 고수하는 이들이 무조건 살의를 느끼고 자신과 다른 이들을 처형해야 한다고 생각하는 건 아닙니다. 다만 인간 내면에 있는 짐승과 악마가 항상 다시 돌아와 남을 죽이고 괴롭히라 속삭이지요. 짐승과 악마는 늘 정통 이념을 찾습니다. 그래서 히틀러와 스탈린이 상반되는 정통 이념을 고수하는 같은 힘을 섬겼습니다.

인류가 그저 개인이라면 '순수한' 그리스도교로 치유되고, 내면의 짐승과 악마를 추방할 수 있겠지요. 하지만 그렇게 되

지 않습니다. '순수한' 종교는 소수의 높은 사람들을 위한 것이
니 말입니다. 시민들은 신화를 원합니다. 저는 아래에서 위로
발전하는 사회가 있다고 믿지 않습니다. 인류가 혼란에 빠져
야 유일하게 순수한 존재와 구원자가 나타나는 법이지요. 그
리고 사람들은 그를 십자가에 못 박아 신으로 만든 다음에야
비로소 숭배합니다.

34.

❀ 1940년

사람들이 항상 로마 가톨릭과 같은 종교를 필요로 한다고
말씀드렸지요. 그러나 그것을 지지해야 한다고는 말하지 않
았습니다. 로마 가톨릭은 그 자체로 독자적인 권리가 있고 주
류라는 이점도 있음을 어릴 때부터 알고 있었습니다. 제가 정
통파(가톨릭)를 비롯하여 어리석고 태만한 이들을 옹호하여 할
말은 이것뿐입니다. 그들은 이 세상과 현실의 아주 큰 부분을
차지하고 있다고요. 필요한 경우 여기저기서 '싸움'을 하겠지
요. 그것은 당신에게 주어진 임무일지 모르지만 제 일은 아닙
니다. 저는 예술가로서 현실을 순수하게 관조하면서 주의 깊
게 바라보고 윤리적이 아니라 미적으로 진지하게 받아들여야
하지요. 사상가와 평론가와 도덕가들에게 주어진 임무와 마찬

가지로 중요합니다.

당신이 매긴 종교의 순위를 보니 어느 정도 당신의 '인식의 단계'를 알 수 있을 듯하군요. 지나치게 엄격하고 독단적인 규율로 사용되지만 않는다면, 유형학◆에 공감합니다. 저는 예술가로서 별다른 걸림돌 없이 귀족적인 세계관으로 기울어져 있기도 하지요. 예를 들어 정통파를 고수하는 일을 두 번째나 세 번째 순위에 두신다면 저는 당신에게 동의합니다.

그런데 다음과 같은 의문이 들기도 합니다. 여러 다른 계급 사이에서 발생하는 권력 다툼과 경쟁에 관여하는 게 과연 옳을까요? 가르치고 인도하여 어떤 사람에게 더 깊이 있는 깨달음을 얻게 할 때에만 끼어들어도 의미가 있겠지요. 예를 들면 고귀한 사람이 그렇지 않은 상대를 진심으로 귀하게 대할 수 있다 하더라도 상대가 계속해서 부족한 채 남아 있다면 고귀한 사람은 그를 적으로 볼 수 있겠지요. 물론 저의 해석이 체계적이지 않고 제 마음대로이며 표현이 풍부하지도 않지만, 그래도 해 보자면 미천한 사람은 결코 고귀한 사람이 되지 못합니다. 모든 '계급'에는 테두리가 있는데, 서로가 서로에게 흘러

◆ 유형학 혹은 유형 분류 체계라고도 한다. 대상을 특성이나 특징에 따라 분류하는 것을 말한다.

내가 말하는 믿음

들어 각 특성과 순위가 뒤섞일 수 있지요. 모든 사람이 남성적인 측면과 여성적인 측면을 지니고 있듯이, 고귀한 이의 씨앗이나 미천한 이의 씨앗을 품고 있습니다. 고귀한 이가 되느냐 미천한 이가 되느냐는 예정된 일입니다. 정통을 고수하는 이들이 고귀한 이들의 아래에 속한다면, 그들을 어떻게 위로 가도록 할 수 있을지 잘 모르겠습니다. 그럴 수 없다면 대체 가르침과 싸움에 무슨 장점이 있단 말입니까?

제 생각에 고귀한 사람은 그대로 존재하고 그렇게 사는 것 외에는 달리 할 수 있는 일이 없습니다. 덜 고귀한 사람을 받아들이는 데 관용과 기사도 정신을 보일 천성을 타고났다면 더욱 좋습니다. 그 사람은 자신의 사명을 인식하든 아니든, 타인의 부족한 품성을 인정하든 아니든, 늘 고귀한 사람으로 살 테고, 가장 숭고한 인류의 품격과 그만큼의 비운을 지니고 있을 겁니다. 그러한 고차원적인 경험은 고통스러울지라도 다른 이들과 정통을 고수하는 이들보다 우위에 있다고 느낄 장점이니 포기하지 않겠지요. 또한 아무리 간절히 원한다 하더라도 자신보다 낮은 곳에 있는 사람들이 그런 경험을 하도록 내버려 두지 못할 겁니다.

35.

❀ 1943년

'나'(자아)라는 개념에 관해 이야기하셨지요. 마치 정확히 계산할 수 있는 객관적인 수치인 듯 말이에요. 하지만 전혀 그렇지 않습니다. 모든 사람들의 내면에는 두 가지 '자아'가 있습니다. 그중 하나가 어디에서 시작되고, 다른 하나는 어디에서 끝나는지를 늘 아는 사람이야말로 현명한 사람입니다.

우리의 주관적인 생각과 경험에 근거하여 개인의 자아를 잠시만 관찰하더라도 대단히 변화무쌍하고 변덕스러우며 외부적인 요인에 크게 영향을 받는다는 사실을 알 수 있지요. 그러니 그것은 계산 가능한 수치로 나타낼 수 없으며, 우리를 위한 척도나 목소리는 더더욱 될 수 없습니다. 이런 '나'는 우리에게 아무것도 가르쳐 주지 못합니다. 다만 성경에서 볼 수 있듯 우리가 아주 연약하고 반항심 있으면서도 소심한 인간이라는 사실만을 알려 줄 뿐입니다.

첫 번째 자아에는 다른 두 번째 자아가 감춰져 있습니다. 다른 두 번째 자아는 첫 번째 자아와 섞이지만, 절대 뒤바뀌지 않습니다. 두 번째 자아는 더 고차원적이고 신성한 '나'(인도에서 말하는 아트만, 즉 당신이 브라마*와 동급으로 여기는 것)입니다. 이것은 개인적인 개념이 아니라 신에 대한, 삶에 대한, 전체에 대한, 비개인적인 것과 초개인적超個人的인 것에 대한 우리의 관심입니다. 이러한 자아를 뒤따라가기만 해도 가치 있는 결과를 얻을 수 있지요. 물론 어려운 일입니다. 영원한 자아는 고요하고 참을성이 뛰어나지만 다른 자아는 너무 시끄럽고 조급하니까요.

우리 내면에는 신이 있고 종교는 신과 자아를 인식하고 변덕스러운 사적인 나에게서 독립하여 신이 있는 곳과 더 가까워지는 영혼 수련을 합니다.

저는 어떤 종교든 모두 좋다고 생각합니다. 사람이 몸담아서 현명해지지 못할 종교 단체는 없으며, 반대로 가장 어리석은 우상 숭배를 하지 못할 종교도 없습니다. 종교에는 참된 지식이 모여 있습니다. 동시에 신화도 마찬가지입니다. 우리가 신화를 경건한 이야기가 아닌 다른 내용으로 본다면, 그 신화는 '거짓'이 됩니다. 신화는 이 세상의 심장으로 가는 열쇠지요. 신화에는 자아라는 우상 숭배에서 신에 대한 숭배로 전환하는 방법이 담겨 있습니다.

◆ 힌두교 창조의 신으로서 '시바', '비슈누'와 함께 힌두교 삼주신 중 하나다.

제가 목사가 아니라는 사실이 안타까운 지금, 당신이 할 수 없는 일을 부탁해야 할지도 모르겠습니다. 그러니 당신에게, 당신과 마찬가지로 어둠을 걷고 있지만 빛을 찾는 방랑자의 인사를 건넬 따름입니다.

36.

❋ 1948년

오늘날 독일에서 '성직자님'들이 히틀러에게는 보이지 않았던 완강하고 호전적인 모습을 우리 같은 사람들에게 보일 것이라는 예상을 할 수 있지요. 전혀 놀라운 일이 아닙니다. 그냥 조용히 알아 두시고, 더 이상 이야기를 꺼내지 마십시오.

종파를 막론하고 '성직자님'들에게 두려움이나 존경심을 품은 적은 한 번도 없습니다. 독일에 대한 혐오와 더불어 그리스도교에 대한 혐오가 몸에 배어 버린다면 안타까울 테니, 그렇게 되지 않도록 우리를 지키려고 노력해야 할 겁니다.

1951년에 쓴 미공개 편지

'성직자님'이라는 단어는 논란의 여지가 있는 표현입니다. 이 단어는 믿음의 겉모습을 그 내용보다 더 높이 두는 성직자(혹은 성직자가 아닌 자)를 이르는 말이니까요. 아주 드물게 이 단어를 쓸 필요가 있을 때마다, 강직하고 충실하며 인간적인 성직자들을 떠올린 적은 없습니다. 그런 성직자들도 실제로 존재하고, 그중 아는 이들도 몇몇 있습니다.

제가 '성직자님'이라고 말할 때 떠올리는 건 이교도를 불태우고 싸움닭 같은 모습을 가감 없이 드러내는 자들입니다. 그러나 '성직자님'이라고 말할 때 단 한 순간이라도 성직자 전체를 떠올린 적은 없습니다. 늘 교회를 벗어나서 살았음에도 저 또한 한평생 여러 성직자와 독실한 친구들을 곁에 두었기 때문이지요.

진정한 성직자라면 자신이 나쁜 말을 듣는다 해도 영향을 받아서는 안 된다고 생각합니다. 작가들도 교회에서, 혹은 다른 사람들에게 매일같이 '소설쟁이'라거나 '문예 애호가' 같은 경멸적인 이름으로 불립니다. 물론 이성적인 독자라면 톨스토이나 괴테, 다른 진정한 작가들을 그런 이름으로 비방할 생각을 하진 않겠지요.

37.

❀ 1950년

저에게 감동적인 글을 몇 편 보내면서 다음과 같이 덧붙이셨지요.

"살아 있는 신은 하느님 한 분뿐입니다. 제가 당신에게 이 사실을 말해서는 안 된다고 어디에 쓰여 있답니까? 다른 신들은 모두 죽었습니다."

물론 당신이 그 사실을 말해서는 안 된다고는 그 어디에도 쓰여 있지 않습니다. 그렇지만 저는 그 말이 무작정 전도하려는 듯 이상하고 불필요하다 생각합니다. 당신이 신의 존재에 관한 지식을 나눈 어떤 나이 든 남자의 부모와 조부모는 이름뿐만 아니라 생활 자체가 그리스도인이었고 삶을 전부 하느님 나라에 바쳤습니다. 저는 그들의 손에서 자랐고 성경과 가르침을 물려받았습니다. 그들이 전도했던 종교가 아니라 그들의 삶 그 자체였던 그리스도교는 저를 기르고 형성하는 가장 강력한 힘이었지요. 그러니 당신의 전언이 저에게는 불필요합니다. 말하자면 어떤 사람이 4월에 지금이 봄이라고 알려 주거나 10월에 지금이 가을이라고 알려 주는 것과 같지요.

그러니 당신의 다정하고 친근한 인사가 조금 낯설게 다가왔습니다. 그것만이라면 당신이 보낸 몇 줄 안 되는 문장이 불쾌하다 하더라도 답장을 보내지 않았을 것입니다.

당신이 보낸 짧은 편지에는 완전히 틀렸으면서 그 말의 여파에 아무런 책임도 지지 않는 다른 문장이 있습니다. 바로 그 문장 때문에 답장을 쓰게 되었습니다. "다른 신들은 모두 죽었습니다."라는 문장 말입니다.

당신이 얼마나 여러 나라에서 살았는지, 얼마나 많은 다른 민족을 만났는지, 얼마나 다양한 언어나 문학을 접했는지 모르겠습니다. 그렇지만 열 개, 스무 개의 언어와 종교와 문학을 그 뿌리까지 연구했다 하더라도, 당신이 말한 그 잘못되고 어리석으며 불손한 문장을 정당화할 수는 없습니다.

"살아 있는 신은 하느님 한 분뿐입니다."라고 확언하셨지요. 그 말은 저도 옳다고 생각합니다. 다른 모든 신은 죽었으나 살아 있는 단 한 분인 그 신은 보내 주신 종교 홍보 책자에 담긴 '누구'겠지요. 그것은 개신교의 신, 기껏해야 교회의 신이며 어쩌면 고작 한 종파의, 자신들만의 그리스도교에 진심인 자들이 모인 작은 공동체의 신인지도 모릅니다. 당신은 이 신만이 '살아 있는' 신이라 생각하여 감히 다른 모든 신들은 죽었다고 말했습니다.

당신이 속한 공동체 밖에는, 혹은 이렇게 말하기를 원하신다면 해 드리겠습니다. 당신이 속한 '교회' 밖에는 아직도 수억 명의 인종이 살며 여러 언어를 사용합니다. 그들도 마찬가지로 살아 있는 신을 믿고 섬기지요. 당신이 속한 교회보다 몇 배는 더 많은 신자들의 신은 당신의 신과 마찬가지로 유일하게 살아 있으며 활동하는 존재입니다. 그들에게는 다른 모든 신이, 그러니까 친애하는 신자인 당신이 믿는 신까지 포함하여, '죽었고' 아무 힘이 없겠지요.

독실한 유대인이 믿는 신은 당신의 신과 다릅니다. 그 신은 당신이 믿는 신을 형성하긴 했지만, 자신의 아들을 인간이 되도록 하지 않았습니다. 이슬람인, 인도인, 티베트인, 일본인이 숭배하는 다른 모든 신도 마찬가지입니다. 그 신과 당신이 믿는 신은 전혀 다릅니다. 그럼에도 그 신은 모두 생생하게 살아 있고, 활동하고 있습니다. 수많은 이들이 삶을 견디고, 희생하며, 죽음을 이겨 내도록 도와주지요.

신에게서 위로를 찾으며 자신의 삶을 봉헌하고 그분을 경외하려 노력하는 신앙심 깊은 많은 이들에게 그들이 믿는 유일하게 살아 있는 신은 당신과, 당신의 교회가 믿는 신과는 다른 방식으로 자신을 드러냈지요. 모든 것을 알면서 그들의 신을, 그 가르침을, 믿음의 형태를 부인하다니 대담하시군요. 그러려면 상당한 용기가 필요할 텐데, 만약 모든 것을 알면서도 그랬다면 당신에게 감탄했겠지요. 그런데 그 뿌리는 우월함이 아니라 진실에 대한 무지와 자신의 공동체만 옳다고 여기는 생각입니다.

저는 앞으로도 계속 살아 있는 신을 믿을 겁니다. 신이 직접 모습을 드러냈기 때문이 아니라 셀 수 없이 많은 형태로, 그림으로, 언어로 나타났기에 신이 존재한다고 확신할 테지요.

당신이 믿지 않더라도 다른 신들은 죽지 않았습니다. 그 점은 확실히 말씀드릴 수 있습니다. 신에게 감사하게도 그 신들은 살아 있으며, 수많은 형태 중 하나를 다 소모하거나 그 형태로 오래 지내다 피곤해졌을 때를 대비해 자신이 나타날 수 있는 새로운 형태를 이미 마련해 두었을 테지요. 신은 사람보다 오래 살고, 종교보다, 교회보다, 그리고 당신의 종교와 교회보다 오래 삽니다.

38.

⊛ 1950년대

당신은 그리스도교가 유일한 종교라고 믿고, 구원을 믿는다는 측면에서는 그리스도인입니다. 당신에게 다른 종교를 믿는 사람들은 구원자가 없으니 불쌍히 여겨야 할 대상이지요.

이는 완전히 틀린 생각입니다. 일본의 불교 승려나 크리슈나를 믿는 힌두교인은 그리스도인만큼 깊은 믿음을 갖고 신에게 보호받으며 살다 죽습니다. 게다가 동양 종교는 또 다른 장점이 있습니다. 십자가 전쟁을 벌이지도, 이교도들을 화형시키지도, 유대인을 박해하지도 않았습니다. 그것은 그리스도인과 이슬람인이 한 일이었지요. 루터가 유대인에 관해 쓴 글은 히틀러나 스탈린조차도 고개를 숙일 정도로 잔인하고 살의에 가득 찬 독선적인 내용이었습니다. 그렇지만 이는 예수의 잘못이 아닙니다. 우리는 예수를 사랑하면서 신이 인간에게 보여 주는 행복에 이르는 다른 방법의 가치를 인정할 수 있습니다.

39.

❀ 1950년

인도에서는 그 누구도 구루Guru* 없이, 개인적인 스승 없이 명상을 할 수 있다고 생각하지 않습니다. 아마 서양인이 언젠가 요가의 가장 낮은 단계에서 다음 단계로 나아갈 수 있다고 생각하는 사람도 없을 겁니다. 그렇다고 지레 겁먹고 가장 낮은 단계에 머물러 있지 말아야 합니다. 미국에서는 어떤 집단이 인도인 선생을 몇 분 모셨지요. 올더스 헉슬리**에게 이야기를 전해 들으시면 됩니다.

저는 구루도 없었고, 더 높은 단계에 도달하지도 못했습니다. 하지만 집중하는 상태가 되고 내면이 안정을 찾는 데는 호

---
* 힌두교, 불교 등 여러 종교에서 일컫는 스승으로 자아를 터득한 신성한 지도자다.
** 영국의 소설가이며 극작가. 대표작으로 《멋진 신세계》가 있다.

흡이 가장 큰 도움이 된다는 걸 경험했지요.

호흡법을 잘 아는 운동 전문가처럼 호흡 연습을 해 보세요. 이때 급하게 숨을 들이마시면 안 됩니다. 다칠 테니까요. 호흡 연습을 할 때는 깊은숨을 들이마시고 내쉬는 것 말고는 아무것도 생각할 필요가 없습니다. 숨을 쉰다는 것에만 집중하면 됩니다. 이는 현재와 거리를 두고 안정을 취하며 정신을 가다듬는 데 특히 유용합니다. 호흡 연습에 의미를 부여하고 싶다면 공기가 아니라 브라만을 숨 쉰다고 상상하세요. 매 호흡마다 신 혹은 신에 버금가는 존재를 내면으로 받아들였다가 다시 내보낸다면 당신도 《서동 시집》*이 불현듯 떠오를지 모릅니다.

연습에 진척이 있든 없든, 진심으로 한다면 영혼이 성숙해지는 길에 가까워지겠지요. 그것은 서양인이 기도를 하거나 미덕에 대한 헌신, 즉 주님께 봉헌하는 삶을 살 때 다가갈 수 있는 길입니다. 그러면 공기가 아닌 삼라만상을, 신을 들이마시고 내쉬게 될 것입니다. 육체적이고 순수한 방식으로 마음이 이완되어 자유와 행복, 경건함을 경험하겠지요.

---

* 괴테의 연가 형식 시집이다. 괴테는 동양의 신비로운 자연과 건강한 관능의 희열에 자극받아서 이 작품의 집필을 시작했다.

라마크리슈나◆는 때때로 장자가 말한 일화와 비슷한 이야기를 하곤 했습니다. 모든 민족의 지혜는 동일하고, 오직 하나라는 내용이지요. 제가 종교와 교회에 반감을 가진 유일한 이유는 그들이 편협하기 때문이었습니다. 어느 종교든 자신의 믿음이 올바르고 거룩하지만 특별하거나 특권이 있지 않음을, 진리가 드러나는 모든 믿음과 형제임을 순순히 인정하지는 않겠지요.

라마크리슈나가 전한 짧은 이야기, 장자의 책에도 실려 있을 법한 이야기는 다음과 같습니다.

어느 날 어떤 현자가 북과 트럼펫을 연주하며 들판을 지나가는 호화로운 결혼식 행렬을 보았습니다. 현자는 그 옆에서 소음이 들리기는커녕 행렬조차 눈에 들어오지 않는다는 듯 토끼를 노리는 데 몰두하는 사냥꾼 한 명을 지켜보았지요. 현자가 사냥꾼에게 인사하고는 이렇게 말했습니다.

"존경하는 사냥꾼님, 당신이 저의 구루입니다. 명상할 때 토끼를 노리는 당신처럼 기도의 대상에 집중할 수 있다면 좋을 텐데요."

당신도 사냥꾼을 만나 그를 스승으로 삼을 수 있기를! 진리

◆ 19세기 인도의 구루, 종교가이자 사상가다.

와 하나가 되려는 당신의 노력이 사냥꾼의 목표처럼 흔들리지 않기를 바랍니다!

40.

❀ 1950년

인간을 파괴하는 가장 큰 적은 생각하기를 귀찮아하는 게으름입니다. 그래서 자신의 줏대라고는 없이 그저 강력한 이념이 있는 종교나 정치 공동체에 속하려 드는 충동입니다. 이 절망적인 시대에 우리는 나이 든 지식인이 지쳐서 개종하거나 가톨릭 교회나 공산주의로 도피하는 모습을 봅니다. 그런 일은 여기저기서 일어나지요. 혼자는 더 이상 견딜 수 없어 그런 곳으로 도피한 사람들이 나쁘다는 의미는 아닙니다.

저는 평생 글을 읽거나 쓸 때에 집단을 추구하는 사람이 아니라 개인적인 사람에 관한 내용을 찾고자 노력했습니다. 그런 노력이 헛수고는 아니었습니다. 수십 명의 독자를 얻었으니까요. 그들은 저와 의견이 같고 저에게 영향과 도움을 받았으며 저처럼 홀로 가는 사람들이자, 판에 박힌 헛소리나 집단 최면에도 끄떡없는 명료한 의식을 지닌 사람들입니다. 그들은 이미 다음 일에 헌신할 준비를 마쳤고, 집단을 의심합니다. 제가 살면서 한 일이라고는 오로지 이런 몇몇 사람들, 몇몇 학생들과 동료들이 존엄하고 당당한 인생을 추구하며 싸울 때 도움을 준 일뿐입니다.

41.

㊟ 1950년

초기 그리스도교와 공산주의를 언급한 당신의 편지는 마음에 들지 않았습니다. 두 가지가 아주 일부분만 유사할 뿐, 근본은 전혀 다르니까요. 그리스도교의 배경은 사람이 된 예수입니다. 예수는 실재이자 진리이자 본질이지요. 반면 공산주의의 배경은 이념입니다. 아무리 중요하다 해도 고작 이념일 뿐입니다. 자본주의 시대 끝에 놓인 사회에서는 우리가 살아남을 수 없다는 생각, 그 상황이 결국 불이익을 당한 자들의 봉기로 무너지리라는 생각은 트루먼◆이 히틀러처럼 무익한 싸움을 하는 한 피할 수 없습니다. 지구상의 재산을 동등하게 나누어 가지고 평등한 권리를 가진다는 생각에서 '프롤레타리아 독재'◆◆가 만들어졌다니, 그 사상이 얼마나 병들었고 악용되었는지를 잘 알 수 있지요.

◆ 해리 S. 트루먼, 제2차 세계 대전 후반과 6·25 전쟁 당시 재임한 미국 대통령이다.
◆◆ 노동자 계급이 혁명을 통해 부르주아를 무너뜨리고 공산주의 사회를 건설하는 것이다.

이 주제에 덧붙일 말을 찾지 못했습니다. 지금 이 순간 저에게는 두 가지 세계가 똑같이 낯설게 느껴집니다. 둘 다 전투적이고, 편협하며, 근본적으로 상상력이 결핍되어 있습니다. 이번 세기까지 재임했던 모든 미국 대통령들과 마르크스나 스탈린 등 공산주의를 만들고 대표했던 모든 사람들보다 간디가 더 나은 인물입니다.

42.

※ 1950년

맞습니다. 폭력은 악입니다. 비폭력은 깨달은 이들의 유일한 길이지요. 비폭력이 모든 이들의 길이 되지는 않을 겁니다. 세계사를 만들고 전쟁을 일으킨 지배자들의 길이 되지도 않을 테지요. 지구는 절대 천국이 되지 않고, 인류는 절대 신과 하나가 되지 않으며 속죄하지도 못할 겁니다. 악한 이들이 세상을 지배하고 꽉 움켜쥘 테고, 이렇든 저렇든 상관없다고 생각하는 이들은 악한 이들에게 환호하거나 치를 떨면서 그들과 함께할 것입니다. 몇몇 깨달은 이들은 방관하겠지요. 하지만 부처, 소크라테스, 예수나 초기 그리스도교, 퀘이커교, 간디의 정신 같은 것들이 도움의 손길을 내밀어 악한 이들과 권력의 세상에 맞설 것입니다.

43.

🌸 1950년

제가 그리스도인 사이에서 자랐으나 나중에 다른 신을 따르느라 예수 그리스도 없이 삶을 일구어 나갔을 것이라는 당신의 추측은 틀렸습니다. 전혀 그렇지 않으니까요. 저는 살면서 몇 번이고 예수 그리스도에게 다시 돌아갔습니다. 지금도 바흐의 수난곡을 감상할 때나 초기 그리스도교의 훌륭한 교부들의 글을 읽을 때, 어린 시절과 부모님을 떠올릴 때면 예수에게 돌아가곤 하지요.

당신이 자신만의 신념 때문에 저를 무시하고 거부하지 않아서 다행입니다. 하지만 보내 주신 편지가 작별의 편지이자 저와의 결별을 의미하는 편지였다고 하더라도 저는 기쁘고 반갑게 받아들였겠지요. 저는 시인이자 구도자이자 고백자입니다. 저는 진리와 정직함을 섬겨야 합니다(제가 말하는 진리에는 아름다움도 포함됩니다. 아름다움이 진리를 표현하는 것이기 때문입니다). 저에게는 작은 사명이 있습니다. 다른 구도자들이 이 세상을 이해하도록 도와야 한다는 것입니다. 그들이 혼자가 아니라고 위로하면서 말입니다.

그리스도는 시인이 아니었습니다. 그의 찬란함은 그 어떤 언어로도 설명되지 않았습니다. 짧은 시대를 사는 동안 그는 별이었고, 지금도 마찬가지로 별이며, 영원히 별입니다. 교회와 성직자들이 그와 같았다면 시인이 필요 없었겠지요.

44.

❀ 1950년

자네는 자네의 질문에(나와 토마스 만의 '믿음'이 무엇인지 묻는 질문) 수사적으로 답해 달라고 말했지만, 짧게 답할 수 있어. 그와 나, 우리가 수없이 절망하고 회의를 느끼면서도 믿는 대상은 신학에서 말하는 존재가 아니라네. 우리 둘은 모두 인간의 의지와 무관한 '더 높은' 권력의 지배를 믿지 않아. 대신 숫자로 표현할 수 없는 사람들의 품위와 예의 바름, 건전한 의지, 평화를 사랑하는 마음을 믿네. 또한 독자들에게 겸손하고 선한 태도를 다시 일깨울 가능성이 있다고 믿어. 그렇게 믿는 사람은 우리뿐만이 아니야.

45.

❀ 1951년경

《유리알 유희》에서는 인류애가 가득한 세상을 그렸습니다. 종교에 경의를 표하기는 하지만 종교에서 벗어나 사는 세상이지요. 30년 전에는 《싯다르타》에서 브라만의 아들을 그렸습니다. 자신이 속했던 카스트 제도와 종교라는 전통에서 벗어나 자신만의 믿음과 지혜를 찾는 인물이지요.

더 이상 말씀드릴 내용이 없군요. 그리스도교라는 종교의 가치와 은총에 관해서는 이미 여러 목사와 교리 문답서에서 제가 설명하는 것보다 더 많은 지식을 얻으셨을 테니 말입니다.

인류애가 종교의 이상보다 더 훌륭한 가치라고는 생각하지 않습니다. 또한 여러 종교에서 특별히 어떤 하나를 더 선호하지도 않지요. 바로 이런 이유 때문에 저는 어떤 교회에도 속하지 않았습니다. 교회에는 영적인 자유와 다양성이 존재하지 않기 때문이며, 모든 교회가 자신들이 최고이며 유일하다 생각하고 자신들에게 속하지 않은 사람들이 틀렸다고 여기기 때문이지요. 그 책임은 '성직자님'에게 있습니다. 그리고 저는 그 사람들을 싫어하기 때문에 그들과 절대 손을 잡을 수 없습니다.

그러니 스스로 선택하십시오. 교회로 가는 길은 쉽게 눈에 띄며, 교회는 문을 활짝 열고 적극적으로 활동하고 있습니다. 카스탈리엔*으로 가는 길, 더 나아가 크네히트**에게 가

---

* 《유리알 유희》에 등장하는 가상의 이상향이다.
** 요제프 크네히트, 《유리알 유희》에 등장하는 유리알 유희 명인이다.

는 길은 더 어렵습니다. 누구도 그 길로 안내받지 않을 테지요. 카스탈리엔이 덧없는 곳이라 할지라도, 인간이 만든 모든 작품의 운명과 같습니다. 그 덧없음을 바라보는 것이 용기의 일부지요.

46.

❀ 1953년

편지에 쓰신 '믿음'과 관련해서 당신이 가졌던, 그리고 잃어버린 믿음이 무엇인지 저는 모릅니다. 어쨌든 당신과 하나가 될 수 없는 믿음, 독단적이고 지나치게 엄격한 믿음이었을 겁니다. 그 믿음을 더 이상 품지 않는다 해서 상실했다고 하지는 못하겠지요. 오히려 개인적인 돌파구가 될지도 모릅니다. 나중에 그 믿음을 다시 가지려 하더라도 그때는 믿음이 완전히 다른 얼굴을 하고 그 어떤 교리 문답서와 전혀 다른 요구를 할 수도 있습니다.

47.

❀ 1955년

우리가 살면서 하는 행동은 믿음보다는 생각에 훨씬 더 의존하고 있습니다. 저는 종교 이론을 믿지 않습니다. 인간을 만들고서 그들이 돌도끼부터 원자 폭탄까지 서로를 죽이는 방식을 발전시키고 자랑스럽게 여기도록 한 신을 믿지 않습니다. 저는 피투성이 세계사의 '의미'가 우리 눈에 보이지는 않지만 신성하며 훌륭한 것들을 생각해 낸 초월적인 지배자의 계획에 있다고 믿지 않습니다. 하지만 그럼에도 삶의 의미에 대한 믿음, 지식, 예감 같은 걸 품고 있습니다. 세계사를 보면 인간이 선하고, 고상하고, 평화를 사랑한다는 결론을 낼 수는 없겠지요. 하지만 인간에게는 선善과 평화와 아름다움을 추구할 가능성이 주어졌으며, 운이 좋은 상황에서는 활짝 피어날 수도 있다고 확신합니다. 이런 믿음을 증명해야 한다면 세계 역사의 수많은 정복자, 독재자, 전쟁 영웅, 폭탄 제조자 등이 존재하는 와중에도 부처나 소크라테스, 예수, 인도인과 유대인과 중국인이 남긴 신성한 글, 평화를 담은 훌륭한 예술 작품들이 탄생했다는 점을 말할 수 있겠군요. 어떤 대성당 정문 앞에 우글거리며 모인 사람 사이에서 나타난 몬테베르디, 바흐, 베토벤 등이 쓴 여러 음악, 판 데르 베이던, 과르디, 르누아르가 그린 그림만으로도 잔혹한 세계사에서 권력과 전쟁으로 인한 참극에 반박할 수 있으며, 영혼이 담긴 다복한 세상을 선보일 수 있습니다. 예술로 빚어진 작품은 폭력으로 빚어진 작품보다 훨씬 안전하고, 더 오래 존속합니다. 수천 년이 지나도 살아남지요.

48.

❀1955년

아직 동양과 서양이 충분히 소통하고 있지 않습니다. 동양과 서양이 더욱 진지하게, 깊은 측면까지 파고들어 소통해야 하는 이유는 정치와 사회 분야에서 필요하기 때문만은 아닙니다. 정신과 생활문화에서도 필요한 중대한 문제지요. 일본인이 그리스도교로, 유럽인이 불교나 도교로 개종하는 문제가 아닙니다. 개종하거나 강제로 개종당해서도, 그것을 바라서도 안 됩니다. 그저 마음을 열고 개방적인 사람이 되어야 합니다. 동양과 서양의 지혜를 서로 대치하며 싸우는 힘이라고 여기지 말고 생동감 있는 삶이 양쪽으로 이리저리 왔다 갔다 한다고 생각해야 합니다.

49.

❀1955년경

제가 옳을 필요는 없습니다. 여러 의견과 다양한 믿음의 형태가 있다면 기쁜 일이지요. 그렇기 때문에 저는 온전한 그리스도인으로 살기 어렵습니다. 신이 아들 한 명만 두었다는 것도, 그를 믿는 일이 신의 곁으로, 행복으로 가는 유일한 길이라는 것도 믿지 않으니까요. 저는 늘 독실함을 좋아했지만, 오로지 하나의 종교만이 유효하다는 권위적인 신학은 좋아하지 않습니다.

50.

❀ 1956년

우리는 노력하고 자신을 헌신해야만 손에 넣을 수 있는 무언가를 선물처럼 손쉽게 얻길 원합니다. 그렇기에 우리가 품는 의문과 불평은 잘못된 것입니다. 우리는 삶에 의미가 있기를 바라지만 결국 자신이 부여하는 정도만 의미 있을 뿐입니다. 개인은 삶에 완전한 의미를 부여하지 못하니 종교와 철학에서 위로로 삼을 답을 찾는 것이지요.

그 답은 모두 같습니다. 삶은 오로지 사랑을 통해서만 의미를 갖습니다. 더 많이 사랑하고 자신을 희생할수록, 삶이 더욱 의미 있어진다는 뜻입니다.

51.

❀ 1956년

'사람이 과연 세계적으로 보편적인 종교를 만들어 낼 수 있느냐'고 질문하셨지요? 그렇지 않습니다. 유기적으로 생겨난 여러 종교도 신자들이 우매해지고 야만적으로 변하는 것을 막지 못했습니다. 다만 진정한 믿음을 가진 이는 예외였지요. 당신이 기대하는 포괄적이면서 인공적인 종교가 탄생할 가능성은 매우 낮습니다. 언어와 마찬가지지요. 언어가 너무 다양하여 세상에 여러 민족이 분리되어 있으니, 공용어를 만들 필요가 있다는 생각을 한 사람들이 많았습니다. 모두가 서로를 이해할 수 있어야 한다고 주장했지요. 실제로 보편적인 언어가 생겨났고 주장이 받아들여진 이들은 매우 기뻐했습니다. 하지만 사람들에게는 그 언어가 필요하지 않았습니다. 사람들은 다른 일이 많은 데다 새로운 언어를 배우느라 괴로워하느니 지금 쓰는 언어를 계속 쓰는 게 훨씬 편하다고 생각했습니다. 게다가 자신이 사용하는 고유 언어, 조상들에게 물려받은 언어를 깊이 사랑하여 다른 언어로 대체하길 원하지 않았지요.

인류를 개혁하는 일은 늘 실패로 돌아갔습니다. 이것이 바로 제가 항상 개인을 믿고 지지하는 이유입니다. 개인은 교육이 가능하며 더 나아질 수 있습니다. 과거에도 현재도 이 세상에서 선과 아름다움을 계속 간직하는 사람들은 희생할 줄 알며 용감한 소수의 지식인입니다.

52.

🎟 1956년

당신은 교회에, 확고한 규칙을 가진 곳에 속해 있지요. 당신이 그 공동체에 머무르고 큰 은총을 누리는 데에는 아무런 이견이 없습니다. 하지만 그렇다면 되도록 《데미안》 같은 책은 읽지 않도록 하세요.

살다 보면 당신은 완벽해 보이는 교회 규범에 문제가 있음을 경험하게 될 것입니다. 예시를 들어 보지요. 군인이 되어 어떤 적과 싸우게 된다고 해 봅시다. 적을 쏴 죽인다면 성직자를, 교회를, 조국을 지킬 수 있겠지요. 하지만 신이 금지한 살인을 행했다는 데서 문제가 생깁니다. 결국 신의 명령을 따를지, 아니면 교회나 조국의 명령을 따를지는 양심에 달렸습니다. 아마도 당신은 신보다 성직자나 조국의 권위가 더 높다고 여길지도 모릅니다. 그러나 그렇게 하지 않고 교회와 조국의 무조건적인 권위를 의심하기 시작하면 《데미안》이 제기하는 문제를 알아볼 수 있을 것입니다.

53.

🎟 1956년

사람들이 나에게 특별히 강력하게 거부 의사를 보이거나 본능적인 혐오를 보이거나, 원칙적으로 나를 이해하려 하지 않는 듯한 행동을 할 때가 있다. 이는 내가 쓴 글에 묻어나는 고대 아시아 정신의 발자취에 관련된 것이다. 낯선 대상, 인도나 중국의 생활방식과 사고방식에 담긴, 유럽과 전혀 다른 정신에 대한 본능적인 공포는 나의 믿음에 따르면 광신적인 종족 우월감이나 다른 인종에 대한 혐오와 마찬가지다. 어느 정도 잘 알려졌고 역사나 심리학을 바탕으로 이해할 수 있기도 하지만 시대에 뒤떨어졌고 더 이상 활개 쳐서는 안 되는, 우리가 꼭 극복해야만 하는 태도이기도 하다. 이러한 낡은 사고방식은 진보와 기술에만 열광하는 서양인만 가지고 있는 것이 아니다. 그리스도교만이 유일한 종교라는 생각도 그런 태도다.

54.

❈ 1957년

《유리알 유희》에서는 인도의 종교와 중국의 철학이 중요한 역할을 합니다. 모든 존재가 환생한다는 것이 주된 생각인데, 그리스도교의 개념인 천국이라든가 연옥, 지옥과는 관련이 없습니다. 이런 생각은 저에게 익숙하고, 가상의 작가인 요제프 크네히트에게도 마찬가지입니다. 물론 물질주의적인 환생을 믿지는 않지만, 저는 실제로 죽음 이후에도 이어지는 삶이나 새로운 시작을 생각해 본 적이 있습니다. 종교와 신화는 시와 마찬가지로 인류가 말로 설명할 수 없는 내용을 표현하고자 한 결과물인데, 이것을 그저 얄팍한 이성으로 번역하겠다니, 헛된 시도입니다.

55.

㊟ 1960년 1월

루터에 관해서는 예전에 이미 이야기를 나누었지요. 저는 그를 완전한 인간이자 언변이 뛰어난 인간으로서 존경하고 사랑합니다. 그럼에도 그가 세계사에 미친 영향은 불행이라 여기지요. 그가 그저 개신교 신자였다면, 성직 제도를 반대했거나, 교회와 국가에 맞선 개인의 대변자였더라면 그를 나쁘게 말하지 않았을 겁니다. 하지만 그는 예전의 교회보다 그 무엇하나 나은 것 없는 새로운 교회를 스스로 세웠지요. 또한 국가와 지배자들을 적극적으로 보좌했고 농민들을 저버렸습니다. 독일은 루터 때문에 분열과 30년 전쟁과 루터교의 정통성을 신봉하는 완고함, 그리고 그 외에도 많은 일들을 겪었습니다. 그는 훌륭했지만 많은 이들에게 불행을 가져다주기도 했지요. 나쁜 뜻은 아니니 용서하십시오. 어떤 사상의 주도자가 그가 한 일 때문에 발생한 모든 역사적 결과에 책임을 지기가 어렵다는 것은 잘 압니다. 그러나 저는 객관적인 진실이 아니라 루터와 관련된 현상에 대해 저라는 사람의 주관적인 생각을 말하고자 합니다.

56.

❀ 1960년 3월

교회나 종교 공동체에 속한 사람들의 믿음과 신념을 잘못되었다 말하고 싶지는 않습니다. 어차피 사람들은 특정한 교회나 종교에 속해야 옳다고 여기니까요. 그곳에서 벗어난 사람은 외로움을 맞닥뜨리면 다시 예전에 속했던 공동체로 돌아가기를 원합니다. 걷는 길의 끝에 다다라서야 자신이 새롭고 거대하지만 보이지 않는, 모든 민족과 종교를 포괄하는 공동체에 발을 들여놓았다는 사실을 깨닫지요. 종교적이거나 민족주의적인 이념 사이에서 그는 점점 빈곤해지고, 모든 시대와 국가와 언어의 정신과 친해진다면 점점 풍요로워질 것입니다.

57.

❀ 1960년 9월

루터와 로마(가톨릭)는 필요가 없었다면 존재하지 않았을 것입니다. 루터는 자유를 원하는 그리스도인의 대표자, 다시 말해 영혼이나 인격이나 양심이 평균보다 높은 개인주의자들의 대표자입니다. 그런데 그들 이외에도 인류에는 남은 이들이 있습니다. 스스로 결정하기보다는 남을 따르기를 선호하고 선한 마음을 가지고 있어 생각의 차이 때문에 벌어지는 싸움을 모르는 이들입니다. 로마 가톨릭 교회는 이런 사람들이 잘 살도록 하고, 나태와 타락을 막고, 그들의 삶과 죽음을 위로합니다. 여러 아름다운 축일도 많지요. 그들은 수백만 명의 사람들이 더 나은 삶을 살도록 도왔으며 장엄하고 훌륭한 건축물과 모자이크화, 프레스코화, 조각 등을 선물처럼 남겼습니다. 개신교 신자는 부수거나 높이 평가하여 존중할 수는 있겠지만 절대 직접 만들지 못할 작품들이지요.

58.

❀ 1960년 11월

책상, 의자, 빵, 와인, 그리고 아버지와 어머니 같은 실제 존재는 모두 민족과 문화에 따라 다른 이름으로 불립니다. 신과 성실함, 믿음도 마찬가지지요. 그리스인, 페르시아인, 인도인, 중국인, 그리스도인과 불교인 모두 똑같이 말하고, 같은 것을 희망하고, 믿습니다. 다만 그들의 희망과 믿음의 대상이 우리가 믿는 대상과 다른 이름을 가졌을 뿐입니다. 진보적인 사람들의 정치적 관점에서 보자면 민족주의는 과거에 존재했으나 이미 지나간 사상입니다. 그런데 종교계에는 자신이 믿는 신만 유효하다는 맹신이 아직 팽배합니다. 한편 과학은 이 세상에 존재하는 모든 믿음의 형태에 어떤 공통점이 있는지 오래전부터 눈치챘지요. 종교를 연구한 결과를 보면 홀로 사람들을 구원하는 종교는 없습니다.

59.

❀ 1961년 5월

저는 가톨릭 신자도, 독실한 그리스도인도 아니지만 믿음을 가졌습니다. 그래도 저에게 성흔은 아무 의미가 없습니다. 아시시의 프란치스코가 훌륭한 삶을 살지 않고 성흔만 나타나서 유명해졌다면 그는 저에게 의미 없는 사람일 테지요.

당신은 굳은 믿음을 가진 가톨릭 신자지만 저는 그 믿음은 물론 현재의 삶과 생각을 유지하도록 힘을 주는 요소를 절대 빼앗겨서는 안 된다고 생각합니다. 그대로 머무르십시오! 제 삶의 의미와 인간의 숭고한 운명을 믿는 사람은 누구나, 어떤 종파에 속해 있든지, 어떤 계시를 믿든지 이 시대의 혼돈 속에서는 가치 있는 사람입니다.

60.

❋ 1961년 12월

과르디니와 슈나이더*는 이 시대 독일 문학계의 독실한 가톨릭 신자고, 현명하며, 마음이 넓고, 광신도가 아닌 사람들입니다. 그럼에도 둘 다, 특히 과르디니는 가톨릭 교리를 '믿음'이라고 이해합니다. 정확하고 전적으로 타당하며 유일하게 사람들을 구원하는 교리라고 하지요. 하지만 이미 수 세기 전부터 이교도들과 종교 개혁자들이 더 이상 받아들일 수 없다 거부했고, 그 이후로 대단히 복잡해졌습니다. 과르디니는 세계사가 인간의 일이며, 그리스도의 공현公現은 신적인 일이라고 보았습니다. 그는 신을 믿는다면 세계사를 신이 창조했거나 신이 시도한 결과라고 생각할 수 없다고 보았지요. 게다가 그는 예수를 믿으며 독실하게 살다가 축복받으며 죽은 사람은 많지만, 크리슈나, 부처, 무함마드를 굳게 믿으면서 죽은 사람들은 없다고 생각했습니다. 과르디니가 말하는 '믿음'을 받아들이려면 이성을 희생해야 합니다. 이성을 희생하는 것은 신이 인간에게 하사한 가장 우수한 재능을 버리는 일이

---

* 라인홀트 슈나이더, 독일의 가톨릭 작가. 나치스 지배하에서 집필 금지를 당했으나 의지를 꺾지 않고 종교적·윤리적 저항 운동을 추진하였다.

라고 생각하지만 그래도 저는 과르디니 같은 사람들을 매우 존경합니다.

신비로운 것들

❀ 1947년

시인은 체계, 추상적 개념, 거짓말에서 몸을 돌려 이 세상을 실제 모습 그대로 바라보고 싶다는 욕구를 느낀다. (아마 시인이 아니더라도 그런 사람이 있을 것이다.) 복잡하지만 결국 한눈에 담을 수 있고 이해할 수 있는 개념이 아니라 아름답고 전율이 일며 늘 새롭고 완전하게 이해할 수 없는 진짜 모습인 신비로운 것들이 가득한 원시림으로 바라보고 싶다. 우리는 매일 이 세상에서 일어난 일들을 신문에 쓰인 대로, 얕게, 전부 훑어볼 수 있다. 하지만 결국 2차원으로 납작해진 세상을 관찰하는 일이다. 동양과 서양의 긴장이나 일본의 전력戰力에 관한 내용, 주가 지수나 최신 전쟁 무기의 어마어마한 힘과 위험성을 고려

하면 우리는 "칼을 쳐서 보습을 만들자."(이사 2,4 참조)*라는 어떤 장관의 발표까지 모든 사건을 알 수 있다.

이 모든 것이 일부는 거짓말이고, 재미있고 기발하면서도 구체적인 책임은 지지 않는 초현실주의적 언어로 포장된 전문가들의 교묘한 농락이지만, 이렇게 매일 반복되는 세계는 우리에게 어느 정도 기쁨과 위안을 준다. 잠시나마 실제로 이 세상이 평면적이고 한눈에 볼 수 있으며 아무런 비밀도 없이 보이는 것이다. 신문은 수천 가지 예시 중 하나다. 신문은 구독자들의 소망에 상응하는 설명을 기꺼이 해 주지만 현실에서 벗어나는 세계를 발견하지도 못하고 불확실한 것들을 제거하지도 못한다. 이런 정보를 내보내 이익을 얻는 유일한 것도 아니다. 구독자는 신문을 대충 훑어보면서 자신이 지난 24시간 동안 이 세상에서 일어난 일을 다 알았다는 환상에 빠진다. 똑똑한 신문 편집자는 지난 목요일 신문에서 이미 언급한 내용과 오늘 신문 내용이 똑같다는 사실을 자신만 깨달았다는 환상을 은밀하게 즐긴다.

이와 마찬가지로 우리는 모두 매 순간 신비 가득한 원시림을 아기자기한 정원으로 그리거나 평평하고 일목요연한 지도

◆ 보습은 쟁기의 날을 뜻한다. '칼을 보습으로'는 전쟁을 반대하는 구호다.

로 바꿔 그린다. 도덕가는 격언의 도움으로, 종교인은 믿음의 도움으로, 기술자는 계산기의 도움으로, 화가는 팔레트의 도움으로, 시인은 거울삼은 본보기와 이상의 도움으로 복잡한 세상을 간단하게 묘사한다. 누구나 자신의 환상 세계 속에서, 자신의 지도 위에서 제법 만족하고 안정을 느끼며 산다. 환상과 현실을 가로막고 있던 둑이 무너지거나 섬뜩한 깨달음이 발생해 갑자기 현실이라는 대단하고 매우 아름다우며 굉장히 잔인한 존재가 자신을 덮치고 옴짝달싹 못 하게 감싼 다음 죽을 만큼 힘껏 껴안는 감각을 느끼지 않을 때까지 말이다.

이런 상태, 이런 깨달음, 벌거벗은 진실에 내던져진 삶은 절대 오래 이어지지 않는다. 그런 삶은 죽음을 품고 있으며 어떤 사람이 죽음이라는 무시무시한 소용돌이에 휘말릴 때면 삶이란 결국 딱 그 사람이 견딜 수 있는 만큼만 지속될 뿐이다. 그런 다음 삶은 죽음으로 끝나거나 진실이 아닌 방향으로 숨 가쁘게 탈주함으로써 끝난다. 그러고는 참을 수 있는 것으로, 정돈된 것으로, 조망할 수 있는 것으로 다시 돌아간다.

그 개념의, 체계의, 교조의, 알레고리*의 견딜 수 있고 미

◆ 은유법과 비슷한 수사법. 은유법이 단어 같은 작은 단위에서 구현되는 것이라면, 알레고리는 이야기 전체에서 구현되는 것이다.

온적이며 정돈된 구역 내에서 우리는 삶의 9할을 산다. 미미한 존재인 사람은 그렇게 만족스럽고, 안정적이고, 정돈된 상태로 산다. 때로는 화를 내고 저주를 퍼부으면서도, 자신의 작은 집 혹은 방에서, 위에는 지붕이 있고 아래에는 바닥이 있는 곳에서 산다. 과거의 기억을 품은 그는 자신의 출신은 물론 그와 거의 똑같이 살았던 선조들을 안다. 인간 위에는 국가와 규율과 법과 군대가 있다. 이것들은 어느 순간 갑자기 사라지거나 파괴될 때까지 존재한다. 지붕과 바닥은 천둥과 불이 될 때까지, 질서와 법은 몰락과 혼란이 될 때까지, 안정과 편안함은 목을 조르는 죽음의 위협이 될 때까지. 그 모든 유서 깊고 신성하며 확고한 환상 세계가 활활 불타올라 산산조각이 나고 결국 끔찍한 괴물, 즉 현실만이 남을 때까지.

그 무섭고 도무지 이해할 수 없는 존재, 참혹한 그 현실을 통해 보자면 대단히 설득력 있는 존재를 인간은 신이라고 부를 수 있다. 하지만 그렇게 이름 붙인다고 현실을 이해할 수 있거나, 설명할 수 있거나, 견딜 수 있는 것은 아니다. 전쟁을 겪으면 항상 느닷없이 나타나 금방 사라져 버리는 현실을 깨달을 수 있다. 몇몇 장관의 말을 빌리자면 그 공포 때문에 우리가 보습으로 바꾸려는 칼을 통해서 말이다.

사람이 불행을 느끼려면 질병에만 걸려도 충분하다. 때때로 기분이 가라앉기만 해도 불행하다. 잠이 오지 않는 밤에 지독한 악몽을 꾸고 깨어나기만 해도 사람은 냉혹함을 마주하고 당분간 쾌적함과 안전함과 믿음과 지식을 의심하게 된다.

누구나 단 한 번만 경험했어도 이 일이 무엇인지 안다. 운 좋은 사람들은 그런 불행한 일들을 경험한 후 잊어버린다. 하지만 사실 이런 경험은 잊히지 않는다. 의식이 경험을 덮어 감추고, 철학이나 믿음이 그것이 사라졌다 거짓말하고, 뇌가 그것을 없앤다 하더라도, 피와 간과 커다란 발가락에 숨었다가 어느 날 반드시 완전한 힘을 되찾고 나타나 자신이 절대 잊히지 않는 존재임을 증명할 것이다.

더 이상 진실, 신비로 가득한 원시림, 경이로움과 그런 경험의 다른 이름에 관해 논하고 싶지 않다. 이는 다른 사람들의 소명이다. 그들의 인간 정신, 아무리 칭찬해도 끝이 없는 그 감탄할 만한 정신 덕분에 절대 이해할 수 없고 찰나이며 악마 같고 견딜 수 없는 것에서 지식을 차곡차곡 쌓은 철학과 교수들과 작가들이 탄생했다. 나는 단 한 번도 인생에 관한 조언을 주는 전문가들의 글을 정확하게 읽는 데 성공한 적이 없다. 나는 그저 내가 그렇게 하고 싶기 때문에, 시대가 나를 부르기 때문에 내가 일상적으로 열심히 하던 일에서 벗어나 아무런 의도나 규칙 없이 삶의 거짓말을 대하는 시인의 태도와 그 거짓말의 벽을 통해 신비로운 것들이 번개처럼 번뜩이는 모습을 묘사하고 싶을 뿐이다.

덧붙일 말이 있다. 시인다운 시인은 다른 이보다 이 세상의 신비로움을 더 잘 알지 못한다. 시인은 다른 사람들처럼 발아래에 바닥이나 머리 위에 지붕 없이, 침대 주변에 체계, 관습, 추상적 개념, 단순화라는 두꺼운 모기장을 두르지 않고도 짧은 생을 살고, 일할 수 있다. 시인도 신문과 마찬가지로 이 세상의 어둠에서 질서와 지도를 만들고, 다차원보다는 평면 위에 살기를 선호한다. 폭탄이 폭발하는 소리보다는 음악 듣기를 선호하고, 자신이 쓴 글로 독자들에게 도움을 요청하는데, 그 글이란 전반적으로 잘 손질된 환상인 경우가 많다. 그 안에는 언어와 체계가 있어 시인이 자신의 생각과 경험을 나누고 독자들이 실제로 경험한 듯 느끼게 한다. 일반적으로 시인은 다른 모두와 똑같이 행동한다. 자신이 갖춘 능력을 최대한 펼치면서 자신이 딛고 선 바닥이 얼마나 견고한지 알고자 한다. 다만 독자들이 자신의 생각과 경험을 어디까지 받아들이고 공감하고 나눌 수 있는지, 자신과 독자들의 믿음과 세계상, 도덕, 사고방식 사이에 얼마나 공통점이 있는지 궁금하지만, 그런 마음은 경계한다.

최근에 한 젊은이가 편지에 나를 '나이 들고 현명한' 사람이라 칭했다.

"저는 선생님을 신뢰합니다. 나이 들고 현명한 분이라는 걸 아니까요."

그 순간 주변이 한층 더 밝아짐을 느꼈다. 수백 명의 다른 사람들이 보낸 편지와 다를 바 없는 그 편지를 들고 전체가 아니라 일부 문장과 단어를 가능한 자세히 들여다보고 그 본질을 탐구했다. '나이 들고 현명한'이라. 솔직히 말하자면 점점 지치고 화가 많아지는 나이 든 남자가 웃음을 터뜨리도록 하는 말이었다. 그는 지금처럼 초라하고 기쁜 일이라고는 거의 없는 삶보다 과거의 풍성했던 삶이 진리에 훨씬 가까웠다고 믿는 사람이다. 맞다. 나는 나이가 들었으니 '나이 들고'라는 건 맞는 말이다. 나이 들고 기력이 쇠했으며 환멸을 느끼고 피로하다.

그렇지만 어쨌든 '나이 든'이라는 말을 사뭇 다르게 표현할 수도 있었을 것이다. 예를 들어 오래된 이야기들, 오래된 집과 도시들, 오래된 나무들, 오래된 단체들, 오래된 문화들이라고 이야기할 때는 '오래된'이라는 표현이 그 가치를 깎아내리거나 조소하거나 경멸하려고 쓰이지 않았다. '나이'라는 특성은 나라는 사람의 일부분을 차지할 뿐이다. 나는 단어의 여러 의미

중 부정적인 것들만을 받아들이곤 했다. 이 편지를 쓴 젊은이가 사용한 '나이 든'이라는 말은 마치 흰 수염을 달고 옅은 미소를 띤 사람을 회화처럼 표현한, 감동적이기도 하고 존경스러운 가치와 의미를 품었다고 생각한다. 적어도 나 자신이 아직 나이 들지 않았을 때는 그 말이 이런 부가적인 의미를 늘 포함하고 있었다. 그렇다면 좋다. 우리는 그 말을 인정하고, 이해하고, 일종의 인사로 존중할 수 있을 테다.

그런데 '현명한'이라는 단어는 어떠한가! 도대체 그건 무슨 뜻이란 말인가? 그 단어가 아무 의미도 없다면, 그저 보편적이고 막연하고 관용적인 형용사이자 판에 박힌 말이라면 애초에 쓰지 않았을 일이다. 하지만 만약 그렇지 않다면, 그 단어가 정말 다른 의미를 품고 있다면, 그 숨은 뜻을 어떻게 찾아야 한단 말인가? 나는 오래전부터 자주 사용했던 자유 연상법◆을 떠올렸다. 잠시 휴식을 취하고 방 안을 이리저리 돌아다닌 다음 '현명한'이라는 단어를 중얼거리고서 가장 처음으로 어떤 것이 떠오르는지 기다려 보았다. 그러자 갑자기 소크라테스가 떠올랐다. 그 무언가는 단어라기보다는 이름이었고

◆ 심리 치료 분야에서 자주 사용되는 방법으로, 떠오르는 모든 생각, 감정, 기억 등을 자유롭게 표현하는 것을 말한다.

그 이름 뒤에는 추상적인 모습이 아니라 확고한 형태, 한 인간이 있었다. 소크라테스라는 강렬하고 구체적인 인물의 이름과 나란히 두었을 때, 현명함이라는 희미한 개념에는 무슨 의미가 있을까? 쉽게 깨달을 수 있다. 현명함이란 학교나 고등 교육 기관에서 교사들이, 강당을 가득 메운 사람들 앞에서 연설하는 저명인사들이, 사설과 문예란에 기고하는 작가들이 소크라테스라는 사람에 관해 말해야 할 때 가장 먼저, 절대 빼놓지 않고 언급하는 바로 그 특성이다. '현명한 소크라테스'나 '소크라테스의 지혜'라고 말이다. 어쩌면 어떤 저명인사는 강연에서 '소크라테스라는 한 인간의 현명함'이라고 말할 것이다.

그의 현명함에 관해서는 덧붙일 말이 없다. 누구든 그 단어를 듣자마자 모든 전설적인 휘장이 걷히고 설득력 있는 형상인 진짜 소크라테스를 떠올렸으리라. 그 나이 들고 추한 얼굴을 한 아테네인의 형상은 특유의 현명함을 명백하게 보여 주었다. 그런데 그는 자신이 아무것도 모른다고 역설했고 현명하다고 불러 달라 요구한 적도 없다고 말했다.

여기서 나는 다시 곧게 뻗은 길에서 벗어나 진리와 신비의 옆길로 접어들었다. 생각과 단어를 진지하게 고민하면, 결국 공허함과 불확실함과 어둠 속에 서고 만다. 만약에 학자, 아첨

꾼, 연설가, 강연자 그리고 수필이 말하는 세상이 옳았다면 소크라테스는 무지한 사람이자 첫째로는 아무것도 모르고 지식과 지식 습득의 가능성을 믿지 않는 사람이고 둘째로는 바로 그 지식에 대한 무지와 불신을 통해 진리를 묻고 탐구할 자신만의 힘과 도구를 만든 사람이었다.

소크라테스는 자신이 아무것도 모른다고 말했고 남들에게도 그런 말을 들었는데, 나는 그 젊은이에게 현명하다는 말을 들었다. 나이 들고 무지한 소크라테스 앞에 선 '나'라는 나이 들고 현명한 남자는 자신에 대한 변명을 늘어놓거나 부끄러워해야 했다. 부끄러워해야 하는 이유는 차고 넘칠 정도다. 아무리 얼버무리거나 궤변을 늘어놓아도 나를 현명하다고 말한 그 젊은이가 나이가 어려 무지했기 때문에 그랬을 리는 없을 것이다. 그가 나를 현명하다 말한 이유는 내가 그에게 빌미를 주고, 그렇게 말하도록 이끌었기 때문이다. 절반 정도는 내가 경험과 고찰, 가르침과 나이 든 자의 현명함이 느껴지는 시적인 말로 그에게 그렇게 말할 권한을 준 셈이다.

내가 여러 작품에서 시적으로 표현한 '현명함'을 나중에 다시 인용하고, 의심하고, 완전히 바꾸어 쓰고, 아예 지워 버렸을 때, 나는 나의 전반적인 삶과 행동을 부정적으로 생각하기보다는 더 긍정적으로 생각했을 테고, 상대방과 싸우기보다는 그에게 더 동의하거나 침묵했을 테고, 영혼과 믿음과 언어와 관습에 충분한 경의를 표했을 것이다. 이런 내용을 담은 문장들이 그에게 여지를 주었던 것 같다. 내 글 여기저기에는 번개가 치고 있다. 그것은 구름 사이에 생긴 균열이자 제대화의 갈라짐 뒤에 불길한 종말론적 영혼을 숨긴 틈이다. 사람에게 가장 안전한 재산은 빈곤이요, 사람의 진정한 빵은 굶주림이라는 암시가 여기저기에 숨겨져 있었다. 하지만 나는 다른 모든 사람들과 마찬가지로 아름다운 형태와 전통에 관심을 기울였고 종말이 가까워진 것처럼 타는 듯이 붉은 하늘보다는 소나타와 푸가, 교향악이 울리는 정원을, 말이 멈추고 무의미함이 되는 모든 경험보다는 마법 같은 유희와 언어의 위안을 선호했다. 그런 경험 속에서 말이 끊기고 아무런 의미를 갖지 못하는 이유는 무서울 정도로 아름다운, 어쩌면 축복받은, 어쩌면 치명적인 순간에 형언하기 어렵고 생각할 수조차 없는 신비로운 것이자 상처로만 경험할 수 있는 내면의 세계가 우리를 바라보기 때문이다. 편지를 쓴 젊은이가 나에게서 무지한 소크라테스가 아니라 교수라는 의미의, 문예 작가라는 의미의 현자를 보았다면 넓게 보아 내가 그에게 그럴 권리를 부여했던 셈이다.

어쨌든 그 젊은이가 말한 현명함에서 어떤 부분이 상투적이고, 어떤 부분이 그가 직접 경험하여 느꼈는지는 여전히 판단하기 어렵다. 그에게 나이 든 현자는 단순히 연극의 등장인물일 수도 있고 가짜일 수도 있다. 내가 지금까지 '현명한'이라는 말을 둘러싸고 고민한 모든 과정을 그도 똑같이 겪었는지 모른다. 그 또한 '현명한'이라는 말에서 무의식적으로 소크라테스를 가장 처음 떠올렸을지도 모른다. 그제야 비로소 소크라테스는 현명함과 아무 관련이 없고 심지어 현명함에 관해 알려고 하지도 않았다는 사실에 놀라고 당황했을지 모른다.

결국 '나이 들고 현명한'이라는 말을 탐구한 시간은 결실을 맺지 못했다. 어떻게든 편지를 정확히 파악하려고 읽었던 내용을 다시 처음부터 읽으며 각 단어를 해석하려 애쓰지 않고 그 내용을, 젊은이가 편지를 쓸 생각이 들도록 한 그 관심사를 살폈다. 그것은 매우 단순하고 간단히 답변할 수 있어 보이는 질문이었다.

"삶에 의미가 있습니까? 만약 있다면, 그건 머리에 총알을 박아 넣는 일보다 가치 있을까요?"

얼핏 할 수 있는 답이 몇 가지 없어 보였다.

"삶에 의미는 없습니다. 그러니 앞으로 살아가는 데 더 좋은 방법을 일러 드리지요."

혹은 이렇게 말할 수도 있다.

"삶에는 당연히 의미가 있지요. 총알이라는 해결책은 고려할 대상이 아닙니다."

혹은 이렇게 말할 수도 있다.

"삶에 의미는 없지만, 그렇다고 자신의 목숨을 버릴 필요는 없습니다."

혹은 이렇게 말할 수도 있다.

"삶에는 나름대로 의미가 있지만, 그것을 올바르게 판별하거나 인식하기는 매우 어렵습니다. 그러니 자신에게 총을 쏘는 편이 더 나을 겁니다."

이처럼 깊이 고찰하지 않은 말로 젊은이의 질문에 답할 수도 있었으리라. 하지만 그러지 않았다. 그 답이 네 개나 여덟 개가 아니라 수백, 수천 가지임을 깨달았기 때문이다. 그렇지만 그 편지와 편지의 작성자에게 답은 오직 한 가지다. 열린 문은 단 하나, 그가 비참한 지옥에서 벗어날 방법도 단 하나다.

그 단 한 가지 답을 찾는 데 현명함이나 연륜은 아무 도움이 안 된다. 편지에 담긴 질문을 읽으니 깜깜한 미궁으로 끌려들어가는 기분이었다. 내가 지닌 현명함, 그리고 나보다 훨씬 나이와 경험이 많은 영혼의 인도자들이 지닌 현명함은 책이나 글을 쓰거나 설교하거나 연설하는 데는 충분하다. 그러나 바

신비로운 것들 231

로 지금 같은 실제 상황, 연륜과 지혜를 과대평가하는 솔직한 사람이 고민에 빠져 앓고 있는 순간에는 아무런 도움이 안 된다. 그 사람은 매우 진지하게 말 한마디로 내 손에 있던 모든 무기와 술책, 책략을 쳐냈다.

"저는 선생님을 믿습니다."

어린아이같이 순수하면서 진지한 그 편지에 어떻게 답할 수 있단 말인가?

그 편지에서 무언가가 튀어나와 나를 덮쳤다. 눈앞에서 무언가가 번쩍 빛났다. 문득 내가 이성보다는 직감에, 경험이나 지혜보다는 감각에 더 의존해 그 무언가를 느끼고 받아들인다는 기분이 들었다. 진리의 숨결, 구름 사이의 갈라진 틈 사이로 나온 번개, 관습과 안정적인 체계의 반대편에서 들리는 부름 등을 말이다. 살그머니 도망치거나 침묵하거나, 아니면 그 부름을 받아들이고 복종하는 것밖에는 해결책이 없다. 아니, 나에게는 아직 선택지가 있는지도 모른다. 자신에게 이렇게 말할 수 있는지도 모른다.

'나는 그 불쌍한 젊은이를 돕지 못해. 그 젊은이와 마찬가지로 아는 것이 없으니까.'

아니면 그의 편지를 다른 편지들 맨 아래에 깔고 편지가 그 자리에 그대로 있다는 사실만 대충 인지한 채, 그 존재가 언젠가 의식에서 사라질 때까지 기다릴 수도 있다. 하지만 그렇게 생각하면서도 확실히 알았다. 편지에 답을 해야만, 올바른 답을 해야만 내가 그 편지를 잊을 수 있으리라는 사실을. 이를 알고 확신하는 건 경험과 지혜 때문이 아니다. 그 부름이 매우 강력했고, 내가 현실과 마주했기 때문이다. 내가 앞으로 답장을 쓸 힘은 나 자신이나 경험, 현명함, 숙련도, 인류애가 아니라 현실 그 자체에서 나온다. 그 편지가 가져다준 아주 작은 현실의 조각에서 나온다. 결국 그 편지에 답장을 쓸 힘은 그 편지 자체에 있다. 말하자면 편지를 쓴 젊은이가 스스로에게 답장을 쓰게 된다는 뜻이다. 그가 나처럼 나이 들고 현명한 바위 같은 이에게서 불꽃을 일으킨다면 자신의 망치와 타격, 그러니까 필요와 힘만으로 불꽃을 일으킨다는 뜻이다.

솔직히 말하자면 나는 벌써 같은 질문이 담긴 편지를 몇 차례나 받아서 읽었다. 답장을 쓴 것도 있고 안 쓴 것도 있지만 한 가지 느낀 점이 있다. 편지를 쓴 사람들이 가진 고통의 정도는 모두 다르다. 강하고 순수한 영혼들이 어느 순간 그런 질문을 던지는가 하면, 그들에 비해 겨우 절반 정도만 노력하고 고통도 절반 정도만 경험했으면서 질문하는 젊은이들도 있다. 많은 사람들이 나에게 결정을 맡긴다는 취지의 편지를 썼다. 내가 살라고 하면 생을 유지하고, 죽으라고 하면 죽겠다고 했다. 그 확고한 글을 읽으니, 편지를 쓴 사람들이 나의 허영심과 약점에 호소하는 것 같았다. 내가 내린 결론은 다음과 같다. 이 편지를 쓴 사람은 내가 살라고 해서 살고, 죽으라고 해서 죽을 사람이 아니다. 오히려 계속해서 자신의 문제점을 발견하고, 다른 나이 들고 현명한 사람들에게 질문하고, 답변을 듣고 약간 위로받고, 조금 기뻐한 다음 답장으로 받은 편지를 서류철에 모아 둘 사람이다.

만약 내가 편지를 쓴 그 젊은이를 믿지 않는다면, 그가 한 말을 진지하게 고민한다면, 그가 보낸 신뢰에 응답한다면, 그를 돕고자 희망한다면 어떨까? 그렇다면 이 모든 일은 내가 아니라 그를 통해서 일어날 것이다. 그의 힘이 나에게 손을 내밀고, 그의 현실이 나의 보수적인 연륜의 지혜를 부수며, 그의 순수함이 나에게 정직해야 한다고 다그칠 것이다. 그것은 덕이나 이웃에 대한 사랑을 위해서가 아니라 삶과 현실을 위한 일이다. 마치 어떤 의도가 있고 어떤 세계관을 가진 사람이든 잠시 후에는 다시 숨을 들이마셔야 함을 알면서 숨을 내쉬듯이. 그것은 우리가 하는 행동이 아니라 우리에게 일어나는 일이다.

만약 지금 절박함에 빠져, 나를 비추는 진정한 삶의 번갯불을 바라보며, 견디기 힘들 정도로 희박한 공기를 마시며 성급하게 행동한다면 어떨까? 그 편지가 다시금 나에게 말을 걸고 소리치도록 한다면 어떨까? 나는 그 어떤 의심이나 의혹을 품고 그 편지에 반대하지도, 그 편지를 철저히 분석하거나 판단하지도 않고 다만 그 편지의 부름을 따를 것이다. 조언과 지식을 내놓는 대신 도움이 될 유일한 무언가를 줄 것이다. 바로 젊은이가 원하는 대답 말이다. 젊은이가 그 답을 꼭 필요하다 느끼려면 그것을 다른 사람의 입을 통해 들어야만 한다.

편지 한 통이, 낯선 이의 질문이 수취인에게 제대로 전달되려면 많은 조건이 필요하다. 편지를 쓰는 사람은 온갖 곤경에 빠진 심경을 오로지 상투적인 기호인 글자로만 표현해야 하기 때문이다. 그는 이렇게 묻는다.

"삶에 의미가 있습니까?"

젊은이들이 으레 품는 감상적이고 염세적인 감정만큼이나 막연하고 어리석게 들린다. 하지만 그가 말한 삶은 넓은 의미의 삶이 아니다. 철학, 종교적 가르침, 인권에는 별 관심이 없고 자신의 삶을 언급했기 때문이다. 그는 내가 현명하다고 생각해도, 내 현명함에서 나온 이론적 가르침이나 의미 있는 삶을 사는 방법을 듣고 싶지는 않을 테다. 그는 자신이 처한 진정한 고난을 다른 사람들에게서도 보고, 잠시나마 그들과 공유하기를 원한다. 그렇게 함으로써 이번에야말로 고통을 벗어나기를 바란다. 내가 그에게 도움의 손길을 내민다 하더라도 그를 도운 사람은 내가 아니라 그의 고통스러운 현실, 나이 들고 현명한 나에게서 잠시 연륜과 지혜를 빼앗고 현실이라는 냉담한 빛을 보여 준 그 고통이다.

그 편지 이야기는 이제 그만하려 한다. 시인이 독자들의 편지를 읽고 상념에 빠지는 이유는 질문 때문이다. 예를 들어 여러 책을 집필하는 단순한 즐거움 외에 작가(나)가 어떤 생각을 했는지, 무슨 의미를 담길 원했는지. 또 책에 쓰려고 했고 그 글을 통해 추구했던 것들 중 독자들이 받아들인 부분과 거부한 부분은 무엇인지 묻는 질문 말이다. 나 또한 궁금하다. 과연 독자들은 내 글을 얼마나 받아들였을까? 시인이 자신의 시로 무엇을 이야기하고자 했는지, 시인의 의지와 도덕, 자아비판, 윤리 등이 그의 책이 불러일으키는 영향과 관계가 있는지 물은 사람도 있다. 내 경험에 따르면 별로 관계가 없다. 심지어는 시인에게 무엇이 가장 중요한지, 작품의 미적인 가치는 무엇인지, 객관적인 아름다움에 관한 내용은 무엇인지 같은 질문도 현실에서는 그리 중요하지 않다. 어떤 책은 미학적으로, 문학적으로는 아무런 가치가 없지만 대중에게는 큰 영향을 미칠 수 있다. 작품이 미치는 영향은 타당하고 예측 가능해 보이며, 실제로도 예견할 수 있었고 명백해 보였다. 하지만 우리가 사는 세상에서 일어나는 일들은 완전히 비이성적이고 규칙이라고는 없다.

젊은이들이 관심을 많이 가지고 있는 죽음이라는 주제로 돌아가 보자. 목숨을 버리려던 찰나에 내 책을 읽고 마음의 안정을 찾고 깨달음을 얻었다는 독자들의 편지를 자주 받는다. 그 이후로는 다시 일이 잘 풀린다고 한다. 하지만 이렇게 사람들을 치유한 책을 두고, 어떤 아버지가 나를 심하게 질책한 적이 있다. 당신 아들이 죽기 얼마 전부터 침대 옆 테이블에 원망스러운 내 책을 놓아두었으며, 아들에게 발생한 일에 대한 책임은 그 책에 있다고 말했다. 나는 그 분개한 아버지에게 답장을 보내 책임을 책에만 떠넘긴다면 아들의 죽음에 대한 당신의 책임이 가벼워질 것이라고 말할 수도 있었다. 그 아버지의 편지를 '잊기'까지는 상당한 시간이 걸렸고, 지금 내가 쓴 내용을 보면 결국 그 편지를 잊는 데 성공하지 못했다는 걸 알 수 있다.

독일의 민족주의 열망이 정점에 다다랐을 무렵, 베를린에 사는 여성이 나의 책과 관련된 편지를 보냈다. 이런 음란 서적 같은 책은 불태워야만 한다고 말이다. 자신이 가진 책은 물론 불태울 것이며, 독일의 모든 어머니는 아들이 그 책을 읽지 않도록 지켜야 한다는 내용이었다. 실제로 아들이 있다면 그 여성은 내가 쓴 음란 서적이 아들의 눈에 띄지 않도록 지켰을 게 분명하다. 하지만 세상의 절반을 황폐화하는 전쟁이나 무장하지 않은 희생자들의 핏물로 생긴 웅덩이를 건너면서는 아들을 지키지 않았다. 거의 비슷한 시기에 같은 책을 읽은 또 다른 독일인 여성은 완전히 다른 내용의 편지를 썼다. 그 여성은 자신에게 아들이 있다면 그 책을 읽도록 권하여 그 책과 같은 관점으로 삶과 사랑을 바라보는 법을 배우도록 할 것이라고 썼다. 정작 작가인 나는 책을 쓰면서 젊은이들을 망칠 생각이나, 젊은이들에게 삶의 방식을 가르친다는 생각을 한 적이 없었다.

그 어떤 독자도 생각하지 않을 질문이 있다. 시인에게는 꽤나 신경 쓰이고 골칫거리가 될 질문이다. 작가는 왜 받은 교육과, 기쁨이나 걱정거리와, 삶의 본질로 자아낸 결과물과 반대로 모든 근본적인 감정을 객관적으로 바라보아야만 할까? 그리고 왜 그것을 시장에 내놓아 다른 사람들이 과대평가하거나 과소평가하거나 칭찬하거나 침을 뱉거나, 주목하거나 무시하는 모습을 지켜보아야 할까? 작가는 왜 그것을 손에 꼭 쥐고, 친구에게만 보여 주고 숨겨 두었다가 사후에 드러나도록 하지 못하는 걸까? 명성을 추구하기 때문일까? 허영심이나 호전적인 성향 때문일까? 아니면 다른 사람들에게 공격당하고 싶다는 무의식적인 욕망 때문일까? 그렇기 때문에 사랑하는 아이들을 계속 세상에 내놓고 그 작품들이 모든 오해와 위험과 모욕을 마주하도록 하는 걸까?

지금까지 그 어떤 예술가도 벗어나지 못한 질문이다. 세상이 예술가들이 만들어 낸 결과물에 돈을 지불하기 때문이다. 때때로 그 작품이 지닌 가치보다 더 많은 돈을 주기도 한다. 그러나 세상은 우리에게 삶과 영혼과 행복과 본질을 주지 않는다. 세상이 우리에게 줄 수 있는 것은 돈, 명예, 그리고 저명인사 명단에 이름을 올리는 일뿐이다. 그렇다. 이런 것들은 세상이 예술가의 작업에 보일 수 있는 당황스러운 반응이다. 예를 들자면 이렇다. 어떤 예술가가 자신이 영향을 미치고, 자신의 작품을 사 주는 사람들을 위해 작품 활동을 한다. 그런데 사람들은 자신들에게 주어진 임무를 완수하지 않는다. 예술가의 작품을 인정하지 않고, 구입하지도 않는다는 말이다. 결국 예술가는 먹고 살지도 못하고, 명예를 얻지도 못한다. 그런데 갑자기 예술가의 영향권 밖에 있던 낯선 사람들이 그 예술가를 발견하고 실망한 그를 추켜세우고 그의 작품을 구입한다. 그러자 원래 예술가의 영향권에 있던 사람들이 환호하고 '우리 중 한 명'이 인기와 명예를 얻게 되었다며 기뻐한다. 예술가와 일반인 사이에서는 이런 일들이 숱하게 벌어진다.

바꿀 수 없는 일 때문에 슬퍼하고 잃어버린 결백함 때문에 한탄해 봐야 아무것도 얻지 못한다. 그럼에도 인간은, 적어도 시인은 때때로 그런 행동을 한다. 한 가지 생각이 문득 떠올랐다. 마법을 부려 내가 쓴 모든 작품을 다시 나만의 재산으로 만들고, 룸펠슈틸츠헨*이라는 이름이 알려지지 않은 신사로서 작품을 즐길 수는 없을까? 예술가와 이 세상의 관계는 뭔가 잘못되었다. 세상도 때때로 그렇게 느낄 테니, 예술가는 더 민감하게 느낄 것이다. 예술가는 작품이 큰 성공을 거두었음에도 자신의 작품을 세상에 내어 주고 말았다는 실망감 때문에 슬픔에 빠진다. 자신만의 비밀스럽고 사랑스럽고 타락하지 않은 작품을 내어 주고 팔아넘겼고 포기했다는 참담한 심경을 느끼는 것이다. 이는 내가 젊은 시절부터 좋아했던 시에서 느꼈던 감정이다. 그림 형제의 동화, 특히 두꺼비 이야기 중 하나**에서 그런 감정을 느꼈다. 나는 그 이야기를 읽을 때마다 전율과 약간의 영혼의 고통을 느꼈다. 이런 마법 같은 이야기를 나의 글로 다시 풀어 써서는 안 되니, 그 동화를 글자 그대로 싣도록 하겠다.

---

* 그림 형제가 쓴 동화에 등장하는 난쟁이의 이름이다.
** 그림 형제는 두꺼비(혹은 무당개구리)가 등장하는 동화를 여러 편 썼다. 그중 하나는 두꺼비가 아니라 뱀이 등장하기도 한다.

고아 소녀가 성곽 벽에 기대어 앉아 실을 잣고 있었다. 그때 성벽 아랫부분의 틈새로 두꺼비 한 마리가 슬그머니 기어 나왔다. 소녀는 재빨리 푸른색 실크 목도리를 옆에 펼쳤다. 두꺼비는 그 목도리가 매우 마음에 들었는지 계속해서 그 위에 올라앉아 있었다. 두꺼비는 목도리를 쳐다보다가 다시 왔던 곳으로 되돌아가더니 얼마 후 금으로 된 작은 왕관을 가지고 돌아왔다. 그러고는 왕관을 목도리 위에 놓더니 다시 사라져 버렸다. 소녀는 왕관을 집어 들었다. 부드러운 금실로 만들어져 번쩍번쩍 빛나는 왕관이었다. 오래 지나지 않아 두꺼비가 다시 나타났다. 그런데 왕관이 보이지 않자, 두꺼비는 벽까지 기어가더니 슬픔을 견디지 못하고 벽에 머리를 찧기 시작했다. 두꺼비는 점점 더 세게 머리를 찧다가 결국 죽고 말았다. 소녀가 왕관에 손을 대지 않았다면, 두꺼비는 자신의 동굴에서 보물을 더 많이 가지고 나왔을지도 모른다.

역자 후기

헤르만 헤세의 책을 언제 처음 읽었는지는 정확히 기억나지 않는다. 아마 책 좀 읽는다는 다른 사람들보다는 늦게 만났던 것 같다. 물론 헤르만 헤세라는 이름은 알고 있었지만 외국 고전에 그다지 심취하지 않았던 때라 주로 다른 분야의 책을 즐겨 읽었기 때문이다.

가장 처음 읽은 책은《수레바퀴 아래서》였는데, 좋은 의미로 큰 충격을 받았다. 수십 년 전 유럽에 살던 작가가 쓴 글이 현대의 한국에 사는 독자에게도 깊은 울림을 줄 수 있다는 사실이 신기했다. 이후 한동안 헤세의 작품을 찾아 읽었다. 책을 집필한 시기에 따라 조금씩 달라지는 분위기를 느끼는 것도 재미있었다. 헤세가 쓴 소설만 읽어 보다가 이번 작품을 번역하게 된

것은 행운이었다. 그의 또 다른 면모를 보게 되었기 때문이다.

헤르만 헤세는 1877년부터 1962년까지, 말하자면 격동의 시대를 살았던 시인이자 소설가이자 화가다. 그의 조부모는 인도에서 선교 활동을 하던 중 딸을 낳는데, 그 사람이 바로 헤르만 헤세의 어머니다. 독실한 개신교 집안에서 자란 헤세는 신학교에 입학하는 등 신앙이 가득한 어린 시절을 보냈고 아버지를 따라 선교사가 되고자 했다. 한편으로는 문학을 향한 열망도 강하고 고집이 세서 가족들이 다루기 힘든 아이기도 했다. 가정의 분위기와 자신이 원하는 삶이 달랐던 탓인지 헤세는 어렸을 때 심각한 우울증을 앓기도 했는데, 그런 그의 성향은 자전적인 분위기를 풍기는 여러 소설에 잘 드러난다.

헤세의 소설에는 성향이 반대되는 두 인물이 서로에게 끌리는 내용이 자주 등장하는데, 그런 두 인물은 대개 헤세의 두 가지 자아를 드러내는 듯 보인다. 당시 헤세의 도피처는 문학, 특히 시였다. 헤세는 글쓰기를 멈추지 않았다. 소설과 시는 물론 편지, 서평 등 다양한 종류의 글을 남겼다. 아마도 헤세에게는 글쓰기가 일종의 치유 행위가 아니었을까.

헤세가 평생 마음에 품고 있던 또 다른 안식처가 바로 종교다. 그런데 특이한 점은, 단 하나의 종교에만 마음을 빼앗겼던 것은 아니라는 사실이다. 헤세는 예수를 사랑하면서 다른 종교의 신과 그 신들이 보여 준 길도 존중했다. 특히 이 책에서 알 수 있듯이 인도의 종교나 중국의 학문 및 사상가들에게 큰 관심을 가졌다. 인도에서 선교 활동을 한 조부모와 부모의 영향도 있었을 것이다. 그는 독실한 개신교 집안에서 자랐고, 자신에게 가장 큰 영향을 준 종교는 개신교라고 말하면서도 부패하고 타락한 행동을 하는 그리스도교나 그런 행동을 하는 성직자들을 가감 없이 비판했다. 헤세는 "네 이웃을 너 자신처럼 사랑해야 한다."는 말을 마음 깊이 새기며 살았다. 자신이 속한 공동체만 올바르다는 생각에 동의하지 않았다. 그래서 인도의 종교나 중국의 고전도 스스럼없이 받아들였고, 유럽이 아시아의 태도를 배워야 한다고 생각했다.

헤세는 어떤 사상 하나가 세상을 지배하고, 많은 사람들이 한 가지 이념에 몰두하여 다른 것들을 배척하는 현상을 경계했다. 살면서 겪은 많은 갈등과 전쟁이 자신만이 옳다 여기며 남을 배척하는 인간의 이기심에서 발생했기 때문이다. 결국 헤세는 두 차례 세계 대전을 일으킨 조국 독일을 비판하며 스위스로 망명했다.

그는 부패한 종교와 잘못된 이념은 물론 '배꼽 바라보기'도 비판했다. '배꼽 바라보기'라는 단어는 매우 혼란스럽던 후기 비잔틴 시대에 탄생했다. 콘스탄티노플이 점령당하고 나라가

빈곤과 분열에 시달리는 때, 어떤 수사들은 명상과 침묵을 가장 중요한 가치로 꼽았다. 나라에 큰일이 벌어져 사람들이 고통받고 있는데, 뒷짐만 지고 앉아 자신들의 영적인 수련에만 몰두한 것이다. 헤세는 지배 계층이 보이는 그런 무책임한 모습에 환멸을 느꼈다.

헤세는 인간이 일으킨 전쟁의 참상을 직접 목격하면서도 인간을 믿기를 멈추지 않았다. 인간은 잔인하고 전쟁을 일으키며 남을 정복하고 국가를 지배하고 다양한 무기를 만들어 서로 죽이지만, 예수나 부처 같은 훌륭한 인물들이 탄생했다는 점을 들며 인간에게도 평화를 추구하고 고상한 아름다움을 꽃피울 가능성이 있다고 믿었다. 이러한 헤세의 태도는 오늘날에도 시사하는 바가 크다.

심각한 우울증에 시달렸고, 전쟁을 겪었고, 인간의 밑바닥을 보았고, 혼란스러운 시대를 살았으면서도 헤세는 인간을 믿었고, 신과 현자들을 믿었고, 글을 쓰며 살았다. 삶을 포기하지 않고 오히려 삶에 도전하듯이 산 셈이다. 각종 혐오가 난무하고 각 계층이 점점 더 분열되며 나와 다른 사람들을 배척하는 사람이 많은 세상에 사는 우리는, 사회 고위층이 잘못을 저질러도 목소리를 내는 지식인이 많지 않은 세상에 사는 우리는 헤세에게 배울 점이 많다.

원문 출처

제1장

영혼으로부터
1917년에 작성되어 1917/18년 《빌란트*Wieland*》에 실렸다. 1970년 주르캄프출판사에서 나온 전집(총 12권) 중 10권에 수록되었다.

일치에 관하여
총 네 구절 중 첫 세 구절은 《요양객》에 실렸다. 《요양객》은 1923년 작품이며 1924년에 《온천장의 심리학 혹은 목욕하는 요양객의 방주*Psychologia Balnearia oder Glossen eines Badener Kurgastes*》라는 제목으로 자비 출판하였다. 1970년 주르캄프출판사에서 나온 전집(총 12권) 중 7권에 수록되었다. 네 번째 구절은 1926년에 출간 예정이던 《낭만주의 정신*Der Geist der Romantik*》의 머리말에서 발췌했으나 책이 출간되지 않았다. 유고 원고에서 발견된 것으로, 이 책에서 처음 공개되었다.

우리 시대가 갈망하는 세계관
1926년에 작성되어 1926년 잡지 《UHU》 3에 실렸다. 책에는 이번에 처음 수록되었다.

극동을 바라보다
· 부처의 말
· 힌두교
· 중국의 가르침
· 공자
· 노자

· 《역경》

상기 문헌은 비평 혹은 서평이다. 작성 연도는 각 본문에 기재되어 있다. 1970년 주르캄프출판사에서 나온 전집(총 12권) 중 12권에 실려 있다.

· 중국의 선

1. 《벽암록》에 관한 서평이다. 1961년 출간된 잡지 《유니버시타스Universitas》 16권에 실렸으며 1970년 주르캄프출판사에서 나온 전집(총 12권) 중 12권에 수록되었다.

2. 1960년에 작성된 가상 편지인 〈요제프 크네히트가 카를로 페로몬테에게Josef Knecht an Carlo Ferromonte〉에서 발췌하였다. 1961년 2월 10일 〈노이에 취르허 차이퉁Neue Zürcher Zeitung〉에 처음 발표되었고, 1961년 자비로 출판한 《선禪》에 수록되었다. 책으로는 이번에 처음 출간되었다.

3. 두 편의 시: '들어 올린 손가락'은 1961년 자비 출판한 《선》, 1970년 주르캄프출판사에서 나온 전집(총 12권) 중 1권에 수록되었다.
'선사의 젊은 수련자'는 1961년 자비 출판한 《선》, 1970년 주르캄프출판사에서 나온 전집(총 12권) 중 1권에 수록되었다.

· 머나먼 동쪽을 향한 시선

1960년 출간된 《유니버시타스》 15권에 수록되었고, 완전한 원고로는 처음 책으로 출간되었다.

제2장

나의 믿음

1931년에 작성되었다. 1931년, 하랄트 브라운이 편집하여 에카르트 출판사에서 《시인의 믿음: 종교적 체험의 목소리Dichterglaube. Stimmen religiösen Erlebens》라는 제목으로 처음 출판되었다. 1957년 주르캄프출판사에서 나온 전집(총 7권) 중 7권과 1970년 주르캄프출판사에서 나온 전집(총 12권) 중 10권에 수록되었다.

단편 신학

1932년 출간된 잡지 《노이에 룬트샤우-Neue Rundschau》 43권 Ⅰ에 처음 공개되었다. 1947년에 《인간 성숙 단계Stufen der Menschwerdung》로 자비 출판하였다. 1957년 주르캄프출판사에서 나온 전집(총 7권) 중 7권과 1970년 주르캄프출판사에서 나온 전집(총 12권) 중 10권에 수록되었다.

자의식

이 시는 1933년 11월에 작성되었을 가능성이 높다. 출간될 때마다 수정되었는데 1933년 11월 26일 바젤의 《나치오날 차이퉁National Zeitung》에 처음 공개되었다. 이후 1934년 《노이에 룬트샤우》 45권 Ⅰ에 수록. 두 번째는 인젤출판사의 454번째 책인 《삶의 나무에서: 시 선집Vom Baum des Lebens: Ausgewählte Gedichte》에 수록. 세 번째이자 마지막은 1942년 취리히에서 출간된 《헤르만 헤세의 시Die Gedichte von Hermann Hesse》와 1970년 주르캄프출판사에서 나온 전집(총 12권) 중 1권에 수록되었다.
독자들의 반응을 고려하여 이 책에는 1934년 《노이에 룬트샤우》에 실린 시를 사용했다.

· 시 〈자의식〉에 관한 편지에서 발췌

1933년부터 약 1935년까지 작성된 편지를 실었다. 그중 1934년 8월, 1935년 2월, 1935년 3월에 쓰인 것은 1964년에 주르캄프출판사가 특별판으로 펴낸 《편지: 확장판Briefe. Erweiterte Ausgabe》에 수록되었다.

제3장

내가 말하는 믿음

이 글은 헤세가 쓴 (1)편지, (2)비평, 서평, 문예란 기고문 및 자비 출판물을 실었으며, 작품으로는 (3)《요양객》, (4)〈인생 요약〉에 있는 글을 실었다.

(1) 편지
1964년에 주르캄프출판사가 특별판으로 펴낸 《편지: 확장판》에 수록된 것과 미공개 편지: 1, 4, 5, 7, 8, 9, 10, 14, 15, 16, 17, 18, 19, 20, 23, 24, 25, 26, 27, 28, 29, 30, 31, 32, 33, 34, 35, 36, 37, 38, 39, 40, 41, 42, 43, 44, 45, 46, 47, 48, 49, 50, 51, 52, 54, 55, 56, 57, 58, 59, 60.
(2) 비평, 서평, 문예란 기고문 및 자비 출판물: 2, 3, 6, 13, 21, 22, 53.
(3) 1970년 주르캄프출판사에서 나온 전집(총 12권) 중 7권에 수록된 《요양객》: 11.
(4) 1970년 주르캄프출판사에서 나온 전집(총 12권) 중 6권에 수록된 〈인생 요약〉: 12.

신비로운 것들
1946/47 《노이에 슈바이처 룬트샤우 *Neue Schweizer Rundschau*》 속편 14권에 처음 소개되었다. 1970년 주르캄프출판사에서 나온 전집(총 12권) 중 10권에 수록되었다.

지은이 헤르만 헤세

1877년 독일 남부 뷔르템베르크 칼프에서 태어났다. 독실한 개신교 집안에서 자란 헤세는 1890년 신학교 시험을 준비하기 위해 괴핑겐의 라틴어 학교에 다니며 뷔르템베르크 국가시험에 합격했다. 이는 신학자가 되기 위한 첫 걸음이었다. 1892년 마울브론 신학교에 입학했으나 시인이 되고 싶어 도망쳤다. 1899년 낭만주의 문학에 심취하여 첫 시집 《낭만적인 노래》와 산문집 《자정 이후의 한 시간》을 출간했다.

《낭만적인 노래》는 독일 시인 라이너 마리아 릴케의 인정을 받았고 문단에서도 헤세를 주목하기 시작했다. 이후 헤세는 1904년 장편 소설 《페터 카멘친트》를 통해 유명세를 떨치면서 문학적 지위도 확고해졌다. 같은 해 아홉 살 연상인 마리아 베르누이와 결혼했으나 1923년 이혼했다. 1906년 자전적 소설 《수레바퀴 아래서》를 출간했고, 1919년에는 자기 인식 과정을 고찰한 《데미안》과 《동화》, 《차라투스트라의 귀환》을 출간했다. 인도 여행에서 한 체험을 바탕으로 집필한 《싯다르타》를 1922년에 출간했으며, 1946년 출간한 《유리알 유희》로 노벨문학상과 괴테상을 동시에 수상했다. 헤세는 1962년 스위스에서 뇌출혈로 세상을 떠났다.

옮긴이 강민경

대학에서 독어독문학을 전공하고 졸업 후 독일계 회사를 다녔다. 독일 어학연수 후 현재는 번역가로 활동하고 있다. 옮긴 책으로 《시간 제어》, 《젊은 베르테르의 슬픔》, 《수레바퀴 아래서》, 《젊은 시인에게 보내는 편지》, 《이해의 공부법》, 《하얀 토끼를 따라가라》, 《자연은 협력한다》, 《두 번째 인류》 등이 있다.